부자
혁명

적게 일하고 기하급수적으로 버는

부자들의 추월차선 법칙 7

부자
혁명

— 이석풍 지음 —

북포스

적게 일하고 기하급수적으로 버는
부자들의 추월차선 법칙 7
부자혁명

지은이 | 이석풍
펴낸곳 | 북포스
펴낸이 | 방현철

편집자 | 김선희
디자인 | 엔드디자인

1판 1쇄 찍은날 | 2016년 01월 06일
1판 1쇄 펴낸날 | 2016년 01월 13일

출판등록 | 2004년 02월 03일 제313-00026호
주소 | 서울시 영등포구 양평동5가 18 우림라이온스밸리 B동 512호
전화 | (02)337-9888
팩스 | (02)337-6665
전자우편 | bhcbang@hanmail.net

이 도서의 국립중앙도서관 출판시도서목록(CIP)은 e-CIP 홈페이지(http://www.nl.go.kr/ecip)와
국가자료공동목록시스템(http://www.nl.go.kr/kolisnet)에서 이용하실 수 있습니다.
(CIP제어번호: 2015034047)

ISBN 978-89-91120-96-9 03190
값 13,000원

당신의 인생 목표는 무엇인가? 돈인가? 자기다운 삶인가?

돈이 목표라면 돈이 주체가 되어 돈만 쫓는 삶을 살게 될 것이고,

자기다운 삶이 목표라면 당신이 주체가 되어 돈이 당신을 쫓아오게 될 것이다.

이건 여러 번 강조해도 지나치지 않다.

돈이 아닌 자기다운 삶을 목표로 삼아라.

그러면 돈은 알아서 찾아온다.

자, 그럼 시간과 돈에서 자유로운 당신의 삶을 찾아 떠나보자!

부자를 꿈꾸는 사람만이
부자가 될 수 있다

이 세상을 가장 인간답게 사는 방법은 부자가 되는 것이다. 또한 세상에 베풀며 살 수 있는 가장 탁월한 방법 역시 부자가 되는 것이다. 나는 3번의 죽음의 문턱에서 기적적으로 살아 돌아왔다. 그 경험은 내 자아를 각성시켜주었고, 자아는 내게 사람답게 사는 길이 무엇인지 생각하게 만들었다. 오랜 고뇌 끝에 얻은 것은 부자가 되는 것이 사람을 가장 사람답게 살게 해준다는 것이었다.

나는 나처럼 가난하고 평범한 사람들 또는 그냥 월급을 받거나 개인 사업을 하며 최소의 생활(?)을 영위하는 중산층들을 위해 이 책을 썼다. 우리들이 한 단계 또는 그 이상의 삶으로 가는 혁신을 펼치지 못하는 이유는, 한 번도 감지하지 못했거나 실행하지 못한 그 무언가가 있기 때문이라고 생각했기 때문이다. 더불어 그것을 찾고 따를 수만 있다면 누구나 큰 부자가 될 수 있다고 생각한다.

나는 평범한 사람에서 갑자기 큰 부자가 된 이들을 동경하며, 그들처럼 부자가 될 확고한 목적을 가지고 있다. 그리하여 모범적으로 큰 부자의 길을 가고 있는 사람들에 대해 연구하고 공부해야 나 역시 큰 부자가 될 수 있다고 생각한다.

책을 쓰면서 자수성가한 부자들의 이야기를 들었다. 그리고 많은 선각자들의 글을 읽고 그들의 삶 속에 빠져보았다. 그런 간접적인 시행착오를 거치며, 이전에는 단 한 번도 느끼지 못했던 생각의 방식을 체험했다. 또한 세상이 돌아가는 시스템 그 이면을 관찰할 수 있었다.

우리는 태어나면서부터 누군가 만들어놓은 시스템 속에 던져진다. 그리고 시스템의 옳고 그름을 판단하기도 전에 이미 그 시스템에 물들어 있는 사람들에게 사는 방법에 대해 배운다. 그래서는 시스템에 지배당한 삶을 살 수밖에 없다. 우리는 누구나 지배당하지 않고 살기 위해 태어났다. 시스템이 잘못된 것이라면 그것을 거부할 자격 또한 있는 것이다.

단언컨대 우리는 누구나 부자가 될 자격이 있으며, 또 그럴만한 능력을 가지고 있다. 다만 그 방법을 알지 못하거나 행동에 옮기지 못했을 뿐이다. 이 책에 나와 있는 내용들을 가슴에 담고 자신만의 특별한 방법을 더 연구하고 공부해나가다 보면 놀라운 삶의 변화를 경험하게 될 것이다.

한 마디 덧붙이자면, 사실 글을 쓰고 있는 현재의 나는 성공한 사람도,

부자도 아니다. 하지만 이 글이 책으로 출간되어 당신이 읽고 있다면 나는 이미 부자가 되는 지름길에 들어선 상태일 것이다. 이미 그 방법을 터득했고 그것을 실천하는 중이기 때문이다.

이 책으로 인해 단 한 사람이라도 인생이 바뀐다면 그보다 큰 기쁨은 없을 것이다. 이 책을 읽는 모든 독자들이 스스로 주인이 된 삶을 살 수 있길 기원한다.

마지막으로 깊은 영감을 유산으로 물려주신 부모님, 사랑하는 가족들, 꿈 친구들, 감사할 사람이 너무 많지만 온 마음을 다해 책을 쓰고 나의 메시지를 세상에 전하는 것으로 그 감사의 마음을 대신하려 한다. 또한 이 책을 쓸 수 있는 능력을 찾게 도와주고, 이 책을 펴낼 수 있게끔 물심양면으로 이끌어준 '㈜한국 책쓰기 성공학 코칭협회' 김태광 총수님과 묵묵히 기운을 북돋아 준 권동희 회장님께 깊은 감사의 말씀을 드린다.

끝으로 신념을 찾게 해주고 재미있는 인생 속에 라일락 향기 같은 감성의 향기를 전해준 한 사람에게 이 영광을 전한다.

/ 차례 /

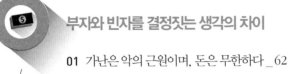

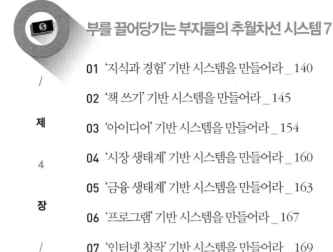

제1장

왜 소수의 사람만 부자가 되는가?

01
그들은 어떻게 부자가 되었는가?

가난한 사람들의 의견이 당신을 좌우하게 하지 말라.
그들은 아무것도 모른다.

- 로버트 앨런

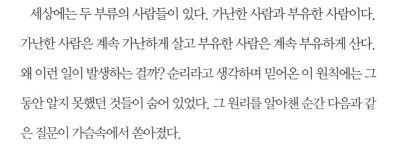

　세상에는 두 부류의 사람들이 있다. 가난한 사람과 부유한 사람이다. 가난한 사람은 계속 가난하게 살고 부유한 사람은 계속 부유하게 산다. 왜 이런 일이 발생하는 걸까? 순리라고 생각하며 믿어온 이 원칙에는 그동안 알지 못했던 것들이 숨어 있었다. 그 원리를 알아챈 순간 다음과 같은 질문이 가슴속에서 쏟아졌다.

- 그동안 나는 무엇을 하고 살았나?
- 내가 배운 것들은 사실인가, 거짓인가?
- 뭐가 어디서부터 잘못된 거지?

내가 알고 있던 원칙을 다시 살펴보자 부자가 되는 원리가 보였다. 한눈팔지 않고 열심히 살았다고 생각했던 내게 그 원리들은 충격이었다. 좋은 대학교 나오지 않아도, 좋은 집안에서 태어나지 않아도, 가진 것이 없어도 부자가 될 수 있다는 사실! 지난 38년간 그 원리와는 전혀 다른 길을 걸어온 내게 충격이었다. 뿐만 아니라 큰 부자들도 과거에는 '가난'했다는 사실을 알게 되었다. 이 또한 나의 호기심을 자극했다.

무엇이 그들을 부자로 만들었을까? 나는 평범했던 그들을 부자로 만들어준 그 원리를 좀더 면밀하게 파헤치고 싶었다. 그래서 부자가 된 사람들을 만나거나 그들이 쓴 책을 닥치는 대로 읽었다. 그리고 몇 가지 공식을 발견했다. 그 공식은 우리가 진실이라 믿고 있었던 태생적인 백그라운드와는 전혀 무관한 것임을 밝혀둔다. 또한 열심히 살아도 부자가 될 수 없었던 대부분의 사람들과는 전혀 다른 방법과 방향성을 가지고 있었다. 이 2가지 전제는 제대로 된 방법과 방향만 배울 수 있다면 누구든지 부자가 될 수 있다는 희망을 준다. 이제부터 부자들의 5가지 공식을 살펴보자.

미리 말해두지만 나는 '부자들의 몇 가지 습관' 같은 고리타분한 얘기를 하려는 게 아니다. 적게 일하고도 기하급수적으로 부를 키운 부자들의 법칙을 이야기하려고 한다. 뿐만 아니라 오랜 시간을 필요한 일, 이를테면 복리 투자를 통해 30년을 모으면 큰 부자가 된다느니, 10년 동안 1만 시간을 투자하면 장인이 된다는 식의 방식은 최대한 배제하려고 노력했다. 그러기 위해서는 평범한 사람보다 월등히 앞서간 그들의 '기본 공식'을 간파하는 것이 급선무였다. 그 과정을 통해 내 자신이 정말 큰 착각 속에서 살았다는 자책감을 느꼈고 신세계로 가는 로드맵을 그려볼 수 있었다.

부자가 되는 첫 번째 기본 공식은 삶에 대한 통제권이다. 여기서 말하는 통제권이란 선택의 순간에 '스스로 결정할 수 있는 선택권'과 자기에게 주어진 '시간에 대한 통제권'을 모두 포함한다. 부자들은 모든 통제권을 자신이 가지고 있다. 선택과 시간에 대한 통제권을 남에게 넘겨주는 순간 무슨 일을 하더라도 부자가 되기는 힘들다.

1인 사업가가 된 나는 한 주가 시작되는 월요일이 가장 즐겁다. 하지만 직장에 다닐 때는 월요일이 오는 게 두렵기까지 했다. 일요일 저녁만 되면 대부분의 직장인들이 걸리는 월요병 때문이었다. 월요병에 걸리는 이유는 무엇일까? 주말에 피로를 풀지 못해서? 일을 하기 싫어서? 다 맞는 말이지만 근본적인 이유는 아니다. 직장인들이 월요일에 출근하기 싫은 이유는 바로 통제권을 잃기 때문이다. 월요일 아침에 일어나는 순간부터 출근시간에 대한 압박으로 통제권을 잃게 된다. 회사에서 일하는 시간은 거의 모든 통제권을 잃은 상태라고 해도 과언이 아니다.

두 번째 기본 공식은 시스템이다. 통제권을 가지고 있는 부자는 일을 하는 시스템을 고안한다. 나는 어릴 때 '블루마블 게임'을 즐겼다. 블루마블은 색깔이 다른 말을 가지고 주사위를 던져 블루마블 게임판을 돌며 세계일주를 하는 게임이다. 그런데 어떤 위치에 말을 두냐에 따라 정해진 액수만큼 돈을 받거나 지불한다. 나는 그 게임을 하면서 내가 서

너 군데의 땅만 장악하면 통행료를 통해 큰돈을 벌 수 있다고 생각했다. 일종의 시스템이다. 이후 크면서 이 세상의 부자들은 모두 그들만의 시스템을 가지고 있다는 것을 발견했다.

부자는 직접 일하지 않는다. 어떤 형태로든 자신에게 할당된 시간 외에, 부를 창출하는 시스템이 있어야 기하급수적으로 부를 불릴 수 있다. 부자는 직원을 고용해 자신의 시간을 투자하지 않고도 돈을 벌어들인다. 수많은 IT계의 거물들은 대중을 묶을 수 있는 아이디어를 구체화시키고, 인터넷에 구동될 수 있는 시스템을 구축했다. 그 시스템은 그들을 세계 최고의 갑부로 만들어주었다. 강연을 하는 사람은 한 사람이 강단에 서지만 시간이 축적될수록 청중은 늘어나고, 늘어난 청중만큼 강연가의 시간 가치가 돈으로 복제된다. 이 외에도 시스템에 대한 사례는 많지만 결론은 부자가 되기 위해 시스템은 필수 공식이란 얘기다.

세 번째 기본 공식은 특별한 감각이다. 특별한 감각이란 보이지 않는 것에서 가치를 찾아내는 능력이다. 오감이 아닌 육감, 이성이 아닌 감성이라고 해도 좋겠다. 우리는 보이는 것에 너무 익숙해져 보이는 것만 믿고, 보이는 것으로 가치를 판단하려는 경향이 강하다. 하지만 부자들은 보이지 않는 가치를 훨씬 중요하게 생각한다. 부자들은 보이지 않는 가치를 보는 훈련되어 있다. 당신도 부자가 되기 위해선 겉으로 보이는 것 이상의 가치를 찾아내는 특별한 감각이 있어야 한다. 그 감각이 좀더 훌륭한 시스템을 만드는 데 밑거름이 됨은 물론이다.

최근에 중국의 게임업체 '다리안 제우스'가 한 경매에서 26억 1,000만

원에 무엇인가를 낙찰받았다는 소식을 접했다. '다리안 제우스' 측은 자신이 낙찰받은 것은 '행운'이라고 표현했다. 26억 원짜리 행운이란 무엇일까? 그 행운은 바로 '워런 버핏과의 점심식사 한 끼'다. 현재도 진행중인 그 경매는 전 세계의 수많은 부호들이 천문학적인 액수로 입찰한다. 이처럼 부자들은 보이지 않는 것에서 가치를 찾아내고 과감한 투자를 한다.

네 번째 기본 공식은 영향력이다. 영향력의 가장 큰 힘은 부메랑 원리다. 당신의 영향력이 얼마나 많은 사람에게 영향을 미치느냐에 따라 작은 시도가 큰 결과가 되어 돌아온다. 이에 그치지 않고 영향력으로 파생된 부는 또 다른 부를 낳게 된다.

우리에게 마법사의 이야기로 잘 알려진 조엔 롤링은 '해리포터 시리즈' 소설 1편으로 끼니도 연명하기 어려운 가난한 이혼녀에서 일순간에 세상에서 가장 부유한 여자가 되었다. 그중 첫 책이 전 세계의 1억 1,000만 명이 읽었다. 이 책은 독자들에게 판타지라는 새로운 영역의 재미를 일깨워줬다. 그로 인해 해리포터를 추종하는 수많은 팬들이 생겨났고, 그들만의 콘텐츠 시장을 형성했다. 그 영향력은 부메랑이 되어 시리즈 전체를 전 세계 베스트셀러로 올려놓았다. 후에 시리즈가 블록버스터 영화로 제작되면서 그녀에게 천문학적인 부를 안겨주었다. 영향력을 미치는 사람이 많으면 많을수록 부메랑 효과는 커진다.

다섯 번째 부자들의 기본 공식은 자신만의 색깔을 담은 '특별한 일'에 미쳐 있다는 사실이다. 부자들은 확고한 자신의 철학을 가지고 자신이 이루고자 하는 한 가지 일에 미쳐 있는 사람이 대부분이다. 그래서 그것을 집요하게 파고든다. 자신만의 세계를 점점 구체화시키는 것이다.

다음카카오 김범수 의장은 뭔가 새로운 것을 추구하려는 탐구욕을 끊임없이 발동시킨다. 아이폰이 등장했을 때 전화기가 아닌 다른 관점으로 접근해 모바일 메신저 '카카오톡'을 만들었다. 일반인들에게는 NC다이노스의 구단주로 더 잘 알려진 NC소프트 김택진 대표도 마찬가지다. 그는 전자공학도였지만 프로그래밍을 배우면서 '재미있는 게임' 만들기에 미쳐 있었다. 후에 '리니지'라는 대작의 온라인 게임을 만들고 지금은 한국의 슈퍼리치가 되었다.

누구든지 기하급수적으로 부자가 된 사람들은 통제권, 시스템, 특별한 감각, 영향력과 자신만의 일에 대한 광기를 가지고 있다. 이중에 하나라도 결여가 되면 큰 부자가 되기 힘들다는 얘기다.

예컨대 직장에 다니는 사람들은 잠자는 시간을 제외한 인생의 모든 통제권을 직장에 빼앗긴 상태다. 결국에 월급이라는 함정은 사람들의 상상력을 마비시키고, 자기다운 삶을 살 수 없게 만든다. 자기다운 삶을 살 수 없는 사람이 시스템을 만든다는 건 언감생심이고, 감각과 영향력, 자기만의 색깔은 사장될 수밖에 없다. 직장인이 되는 순간 부자가 되는 길에서 점점 멀어지는 것이다.

그렇다면 우리가 부자가 되기 위해 무엇이 필요할까? 가장 먼저 필요한 것은 삶에 통제권이다. 나머지는 그 다음이다. 지금 이 순간부터라도 최대한 인생의 선택권은 자신이 가지도록 하자. 나아가 하루라도 빨리 월급이 주는 달콤함에서 벗어날 용기가 필요하다. 그리고 주입받은 관념이 아닌 말랑말랑한 생각으로 세상을 구성하는 본질을 바라보자. 거기서부터 부자와 당신의 간극이 줄어들기 시작한다. 장담하지만 이를 배우고 습득하고 나면 당신을 훨씬 젊은 나이에 큰 부자가 될 것이다.

02

왜 죽도록 일해도
부자가 되지 못하는가?

가난은 많은 뿌리를 가지고 있습니다.
그러나 큰 뿌리는 무식입니다.

- 린든 존슨

나는 두메산골 가난한 농가에서 태어났다. 내 부모는 세상에 둘도 없는 착한 사람이었고 인자한 성품으로 사람들의 칭찬을 받았다. 새벽부터 밤늦게까지 들에 나가 뼈가 부서지도록 일하는 근면한 분이었다. 하지만 거기까지다. 그것이 가난을 해결해주지는 못했다.

내가 중학교 2학년 때, 우리 집에 청천벽력 같은 일이 엄습했다. 나는 하굣길에 버스에 치여 2달 간 병원 신세를 졌다. 그 바로 전에 아버지가 추락사고로 머리를 다쳐서 뇌병변장애를 가지게 되었다. 돌아가실 때까지 다리를 절며 장애인으로 사셨다. 내가 퇴원하고 얼마 지나지 않아 어머니는 오토바이 사고를 당했다. 사랑하는 자식들의 얼굴도 알아보지 못할 만큼 크게 다쳤다. 결국 병석에 누워 누이들의 병수발만 받다가 돌아가셨다. 두 분 다 열심히 살았지만 아무런 부귀영화도 누려보지 못하고 비참한 노후를 보내셨다.

지난 2007년 겨울, 잘 다니던 회사가 부도가 나고 나는 실직했다. 혼자 독립한 터라 당장 한 푼이 아쉬웠다. 먹고살기가 빠듯해서 급하게 세차장 아르바이트를 구했다. 그러던 어느 날 일을 마치고 세차장 청소를 하다가 사고가 났다. 발이 미끄러지면서 차를 밀고 가는 컨베이어 벨트에 신발 끝이 물리고 말았다. 급하게 발을 빼려 했지만 목이 긴 물청소용 고무장화를 신고 있어서 발을 뺄 수가 없었다. 2~3초 만에 컨베이어는 내 발을 물고 들어왔고, 뒷걸음질 치면서 벨트 끝까지 끌려갔다. 벨트 끝에서 갑자기 '우두둑' 하는 소리가 나며 발목이 벨트 밑으로 빨려 들어갔다. 뼈가 부서지는 소리가 세차장 천정을 울리며 내 귓전에 꽂혔다. 그 순간 '이제 죽는구나!'라는 생각이 들었다. 그런데 그때, 기계가 멈추어 섰다. 조금만 더 늦게 멈췄으면 나는 장애인이 됐을 것이다.

사고는 불과 수십 초 동안 일어난 일이지만 그 상황을 파악하는 데는 한참이 걸렸다. 정신이 버쩍 들었다. 발목이 기계에 끼어 옴짝달싹 못하는 나를 발견했다. 두려움이 스멀스멀 피어올랐다. 나는 사력을 다해 소리를 질렀다. 멀리 주유소에서 일하던 동료가 쫓아왔다. 그도 내 상황을 보며 기겁을 하고 놀라더니 허둥지둥 휴대전화를 꺼내 119에 신고를 했다. 병원으로 오는 내내 온몸이 유령처럼 차가워지는 것을 느꼈다.

다친 오른쪽 발은 너덜너덜해져서 피투성이가 되었다. 발가락 뭉텅이와 함께 늘어난 양말에는 피가 고여 있었다. 의사는 발을 절단해야 될 수도 있다고 말했다. 6시간의 대수술이 진행되었다. 부서진 뼛조각을 맞추고 혈관을 일일이 이어 붙이는 수술이었다. 수술 후, 뼈와 혈관수술은 잘 됐다는 말을 들었지만 신경이 온전치 않아 완치된다는 확답은 못하겠다고 했다.

내 평생 그렇게 간절히 기도를 한 건 처음이었다. 나는 두 발로 걸어 나가는 걸 매일 상상하며 기도했다. 어떻게 되었을까? 한 달 뒤 기적이 일어났다. 신경이 온전히 살아났다는 얘기를 들었다. 재활치료가 끝난 수개월 뒤 나는 성큼 성큼 걸어서 퇴원했다. 발바닥에 지방층이 없어 신발이 없으면 걷기 힘들지만 신발을 신으면 남들이 전혀 눈치 채지 못할 만큼 완쾌되었다. 유리조각처럼 부서졌던 뼛조각들이 엉기성기 제 자리를 찾았고 다행히 신경도 무사했다. 아직까지 그 사고는 트라우마로 남아 있지만 나는 두 발로 걸을 수 있다.

모든 치료가 끝나고 산재보험관리공단에서 후유장애에 대한 나의 '몸값'을 지원받았다. 후유장애보상은 사고자의 연봉 기준, 노동력 상실에 대한 부분을 통상적인 정년 나이에서 거꾸로 세 일할로 계산한다. 그 몸값은 다시 일어설 수 있을 정도의 발판은 되었다. 하지만 내 몸값이 이 정도밖에 안 되나 하는 허망함도 몰려왔다. 나름대로는 열심히 살았다고 생각했는데, 이건 무언가 내가 잘못 알고 있다는 생각이 들었다.

갑자기 돌아가신 부모님 생각이 났다. 평생 고생했지만 가난하게 살다가 쓸쓸히 돌아가신 아버지, 어머니. 죽도록 일해도 부자가 되지 못하는 이유는 다른 데 있다는 생각이 불현듯 들었다. 그때부터 이전과는 전혀 다른 관점으로 인생과 시간, 그리고 돈을 바라보기 시작했다.

이후 나는 완전히 다른 삶을 살았다. 온전치 않은 발을 이끌고 처절하게 일했다. 하지만 원칙이 있었다. 일을 하더라도 돈만 버는 일이 아닌, 나만의 시스템을 찾을 수 있는 직장을 구했다. 큰 방법은 없다. 그냥 내가 해오던 걸 살려 무조건 컴퓨터와 인터넷으로 세상의 정보에 연결된 일을 찾았다. 새로운 부의 관점에서 얻은 깨달음의 끈은 놓지 않았던 것이다. 직장에 매여 있어도 나는 생각했다. 내 몸값은 내가 측정한다. 그리고 몇 년이 흘렀다. 두 군데의 직장을 옮긴 후 나는 1인 기업가로 독립했다.

직장의 한계를 알고 뛰쳐나와 1인 기업가로 성공한 친구의 일화가 있다. 직장에 다니던 어느 날 매출 성장으로 미뤄오던 전 직원 연봉협상이 이루어졌다고 한다.

"와우 부장님 이번에 월급, 제일 많이 오르셨다면서요. 한 턱 쏘세요!"

"그러게요! 축하해요."

그 말을 듣고 있던 K 부장이 심드렁한 목소리로 입을 열었다.

"축하는 무슨 5년 만에 오른 거야."

멀리서 그걸 듣고 있던 그의 머릿속에서 '이건 무조건 지는 게임이야' 라는 소리가 들렸다고 한다. 그때 직장인으로 산다는 건 무언가 잘못되었다는 걸 느꼈다고 한다.

우리의 몸값은 누가 측정하는 것일까? 대부분 연봉이 몸값이라고 생각한다. 직장이라는 기준에 빗대어 자신의 몸값을 생각하기 때문이다.

하지만 몸값을 그렇게 정해서는 안 된다. 몸값은 자기가 정해야 한다. 내 몸값을 내가 정하지 못하기 때문에 회사를 다닌다는 것 자체가 '부자되기 게임'에서는 무조건 지는 패인 것이다. 주위를 둘러봐도 직장 다녀서 부자가 되었다는 사람은 1명도 보지 못했다.

돌아보면 세상에는 열심히 사는 사람들이 정말 많다. 나나 내 부모님이 그랬던 것처럼 그들은 꿈과 삶의 여유는 접어둔 채 오로지 돈을 위해 일한다. 직장에 다니며 아르바이트로 대리운전하고, 주말에는 또 다른 아르바이트를 뛴다. K 부장처럼 5년을 몸 바쳐 일해도 몸값을 스스로 측정할 수 없는 게 직장인이다.

죽도록 일해도 부자가 되지 못하는 이들의 공통점은 무엇일까? 돈은 노동을 통해서 물물 교환하듯이 벌어들이는 것이라는 관념이 뿌리박혀 있다. 어릴 때부터 돈은 나에게 주어진 '시간'에 대한 노동의 대가라고 배운 것이다. 첫 단추부터 잘못 꿴 것이다. 그리고 그것을 원칙으로 받아들였다. 더 안타까운 사실은 직장에서 주는 '월급'은 금리의 지배까지 받는다. 박경철은《시골의사의 부자경제학》에서 이렇게 말한다.

> 금리란 시간에 대한 기회비용이다. 그래서 금리는 매 순간의 자산
> 가치의 가능성을 수치화해서 보여주는 잣대이며 시간을 사고파는
> 결과다.

누구나 느끼는 거겠지만 월급 인상률은 금리하락을 따라잡지 못한다.

따라서 금리 변동에 따라 월급의 가치가 좌지우지된다는 소리다. 이것은 스스로 통제할 수조차 없다.

부자들은 이렇게 스스로 통제할 수 없는 불합리한 거래를 하지 않는다. 그렇다면 그들은 어떻게 시간을 사고팔까? 부자들도 '시간'에 대한 거래조건으로 부를 획득하지만 방법이 완전히 다르다. 스스로 자신의 몸값을 측정한다. 그리고 그 몸값에 맞는 시스템을 구축한다. 시스템이 완성되면 시스템을 활용해 시간을 복제하여 돈을 벌어들인다. 주식회사를 설립하거나 저작권을 행사할 수 있는 프로그램이나 콘텐츠 개발 등을 개발한다. 이것이 부자가 자신의 몸값을 결정하는 방법이다.

타인이 내 몸값을 측정하도록 하지 마라. 인생은 자신에게 시한부로 주어진 시간을 사고파는 거래의 연속이다. 그것이 어떠한 거래로 이뤄지느냐에 따라 누구는 부를 축척하고 누구는 점점 더 가난해진다. 거래의 방법이 잘못되면 죽도록 일해도 절대로 부자가 될 수 없다.

내게 주어진 시간을 어떻게 복제하느냐에 따라 부의 결과물이 달라진다. 부는 시간에 대한 가치의 척도이며 그 결과물임을 잊지 말자.

03
상식은 전혀
상식적이지 않다

상식이란 18세까지 습득한 편견의 집합이다.
- 아인슈타인

　　1626년 인디언들은 정복자들에게 오늘날 세계 최고의 땅값을 자랑하는 전 세계 '부'의 중심지 맨해튼을 단돈 24달러에 팔았다. 역사상 가장 바보 같은 거래였다. 하지만 전설적인 투자자 존 템플턴은 이 거래를 두고 다르게 생각했다. 24달러를 받은 인디언들이 매년 8%의 복리수익률을 올렸다면 맨해튼을 사고 로스앤젤레스를 2번 사고도 남을 돈이라고 했다.

　　그런데 여기에는 중요한 필수조건이 따라붙는다. 바로 '시간'이다. 복리는 눈덩이처럼 불어나지만 아주 오랜 시간이 필요하다. 천천히 부자 되기를 강요하는 기존의 방식으로는 교훈적인 얘기다. 하지만 기하급수적으로 부자가 된 부자들에게는 전혀 상식적이지 않다. 더구나 요즘은 화폐의 가치가 점점 하락하고 있다. 이런 시기에 복리수익으로 부자가 되겠다는 것은 어리석은 일이다. 뿐만 아니라 돈이 눈덩이처럼 불어날 거라는 환상에 젖어 있는 사이, 인생이란 시계의 모래는 점점 줄어든다.

직장은 한정된 시계의 모래를 낭비하는 대표적인 예다. 부모나 학교는 초등학교에 입학할 때부터 공부를 잘해야 좋은 직장에 들어갈 수 있고, 훌륭한 사람이 된다고 가르친다. 성공할 수 있는 방법은 공부밖에 없다고 생각하기 때문이다. 그러나 현실은 공부를 못해도 훌륭하게 된 사람들이 더 많다. 그런데도 여전히 대부분의 사람들은 직장에 틀어박혀 반평생을 허비한다. 사람은 보편적인 것을 상식으로 받아들인다. 또한 자신이 경험하지 않은 것은 거부하려는 경향이 강하다. 주위에 그런 사람이 많으면 그것이 상식이 되는 것이다.

세상에는 부자가 많을까? 가난한 사람이 많을까? 부자의 관점이냐 가난한 자의 관점이냐에 따라 그 답은 달라진다. 대부분이 가난한 사람이라고 대답하지만 내가 아는 부자들은 '부자가 더 많다'고 답했다. 상식은 상대적인 것이다. 가난한 사람들 주위엔 가난한 사람이 많고, 부자들 주위엔 부자밖에 없으니 당연한 결과다.

사람은 대개 자신에게 보이는 것만 믿고, 그것을 상식이라고 착각한다. 편견을 깨야 진짜 상식이 보이는 법이다. 초등학교 도덕책에도 부자가 되려면 은행에 차곡차곡 돈을 모으라고 돼 있지만 그건 더 이상 상식이 아니다. 부자들은 눈치가 빠르다. 은행에 더 이상의 메리트가 없다고 판단되자 그들은 돈을 빼 다른 곳에 투자했다. 그 결과 절대 무너지지 않을 것 같았던 은행의 신화도 깨져버렸다. 수익이 줄어들자 예전에 없었던 은행 광고가 TV에 등장하기 시작했다.

은행뿐만이 아니다. 언제부터인가 극장에 갔더니 영화 상영 전에 '국민연금 광고'가 나온다. 처음 그 광고를 봤을 때 깜짝 놀랐다. 순간 '직장인들의 마지막 보루인 국민연금도 한계에 다다랐다'는 생각이 들었다. 아니나 다를까 국민연금 수익률은 계속 마이너스를 기록 중이다. 언제 바닥날지 시간문제다.

매스미디어는 사람들이 눈치 채지 못하는 사이, 상식적이지 않은 상식을 주입한다. 광고만 유심이 봐도 부의 흐름과 부자들의 시선을 읽을 수가 있다. 광고는 편견을 만들기 위한 지배자들의 도구다. 광고대로 하면 영원히 부자가 되지 못한다.

편견을 깨기 위해선 다른 시각으로 세상을 봐야 한다. 하지만 대부분의 사람들은 다른 시각 자체가 없다. 그보다 변화를 싫어한다. 변화에 익숙하지 못하기 때문이다. 이것은 교육체계 때문이기도 하다. 학교는 다른 시각으로 사는 방법은 가르치지 않는다. 학교는 학생들이 자라나 훌륭한 직업인이 되길 원한다. 그래서 획일적이고 정형화된 사회를 위한 교육 프로그램을 계속 만들어낸다. 그에 동반되는 것이 시험이다. 시험을 통해 다른 관점을 가진 학생들을 걸러내 탈락시킨다.

더 이상 학교 교육에 속아선 안 된다. 학교는 창조적인 기업가를 거부하고, 정형화된 직장인을 환영한다. 사회도 덩달아 그런 학생들을 위한 학원을 만들고 돈을 쏟아 붇는다. 훗날 그것은 '스펙'이라는 포장지로 둔

갑한다. 그것은 기업가들에게 노동자를 뽑기 위한 기준이 될 뿐이다. 스펙이란 장치는 더 많은 대중들이 인생의 목표를 기업가가 아닌 더 나은 직장인으로 하향 설정하게 만든다. 그래서 꿈이 없이 경쟁만 하는 사회가 만들어진다. 어릴 때는 과학자가 꿈이었던 아이가 커갈수록 꿈이 공무원으로 바뀌는 것이다.

얼마 전 당당히 자퇴를 하고 1인 시위를 한 여고생의 이야기가 눈길을 끌었다. 고등학교 2학년인 그녀는 학교를 뛰쳐나와 진주 시내를 돌며 1인 시위를 펼쳤다.

나는 꼭두각시가 아니다. 그렇기에 실을 끊겠다.
경쟁만 남아 배움 없는 학교에 있을 수 없어 학교를 그만둡니다.

나는 이 뉴스를 보면서 학교를 뛰쳐나와 세상을 휘어잡는 리더가 된 사람들이 떠올랐다. 빌 게이츠, 스티브 잡스, 스티븐 스필버그, 마이클 델, 마크 저커버그 등이다. 이들은 모두 학교를 자퇴하고 나와 자신의 꿈을 이루었다. 비상식적인 사람들이다. 통념적인 사회가 보는 시선에서는 그렇다는 얘기다. 그들은 이성주의자가 아닌 이상주의자였다. 세상을 변화시킨 사람들은 언제나 비상식적인 생각을 가진 사람들이었다. 저 소녀가 앞으로 어떻게 클지 몹시 궁금하다. 그녀를 가둬두는 세상의 틀만 없다면 분명 큰 획을 긋는 인물이 될 것이다.

과거에는 백성들에게 글을 알지 못하게 하여 정형화된 상식 이상을 생각할 수 없게 만들었다. 하지만 현대는 종교, 교육, 사회 기반 시스템을 통해 교묘하게 그런 체제를 만들어두었다. 지배층은 계속 사람들에게 할 수 있는 것만 하라고 가르친다. 기득권을 잃는 것이 두려운 것이다. 이러한 이치 때문에 앞으로도 교육체계에 큰 변화가 있기는 힘들다. 스스로 변해야 한다는 소리다.

상식을 넘어서지 않는 선에서는 우리가 할 수 있는 일이 아무것도 없다. 평범하게 사는 길뿐이다. 평범하게 산다는 것은 자본주의 사회의 노예로 산다는 뜻이다. 그 형태가 달라졌을 뿐이지 세상에는 여전히 계급사회가 존재한다. 농장은 회사로, 주인은 사장으로, 노예는 근로자로 바뀌었을 뿐이다. 노예들은 비범하게 사는 것을 두려워한다. 평범함이 주는 안락함에 젖어 도전 정신을 잃어버렸기 때문이다.

나는 사고 이후 내 자신을 돌아보며 그 안락함이 달콤한 독이라는 사실을 알아챘다. 그리고 더 이상 독을 들이키지 않기 위해 상식을 넘어서는 일을 찾아 헤맸다. 당장의 돈보다는 더 큰 세상을 보는 일을 게을리하지 않았다. 결국 나는, 나의 잠재성을 발견하고 그것을 꾸준히 키워 현재까지 오게 되었다.

2009년 버락 오바마는 대통령에 당선된 후 딸들에게 편지 한 통을 보냈다. '사랑하는 말리아와 사야에게'로 시작하는 그 편지엔 이런 내용이 담겨 있다.

너희가 생각하는 그 이상의 큰 뜻을 품을 때만이 진정한 잠재력을 발견할 수 있단다. 또한 사랑이 가득하고 헌신적인 여인으로 성장 하려면 너희가 할 수 있는 것만 이루어서는 아무것도 이루지 못할 것이다. 하지만 이를 알고 세상을 향해 꾸준히 손을 내밀 때 기회 를 찾고 꿈을 이룰 수 있단다.

대개는 스스로 만든 한계 때문에 자신의 잠재력을 보지 못한다. 또한 자신이 할 수 있는 일만 이루려고 한다. 잠재성은 상식을 넘어설 때 비로 소 그 힘을 발휘한다. 상식을 넘어선다는 것은 곧 자신의 잠재성을 깨우 는 일이다.

우리는 눈에 보이는 것이 세상의 전부인양 살아왔다. 그러나 이 세상 은 눈에 보이지 않는 것이 훨씬 많다. 그리고 진짜 상식은 눈에 보이는 것을 넘어서야 볼 수가 있다. 나는 이것을 '상식의 배반'이라 표현하고 싶다. 자세히 보지 않으면 절대 눈치 채지 못할 만큼 교묘하다. 당신은 어떤 상식 위에 살고 있는가? 과연 그것이 상식이라고 생각하는가?

우리가 배운 모든 상식은 재해석해야 한다. 그 행위가 껍질을 깨고 나 와 당신의 잠재력을 찾도록 도와줄 것이다. 이것이야말로 당신이 큰 부 자가 되기 위한 준비 단계다. 눈에 보이는 것만 믿으려 하지 말라. 삼라 만상을 채우는 것 중에 눈에 보이는 건 고작 2%밖에 되지 않는다. 상식 이 아닌 상식을 깨부수자. 우리에게 필요한 것은 보이지 않는 세상을 향 해 나갈 용기다.

04
부자가 되는 방법은 따로 있다

이 새로운 시대에 부의 진정한 원천은 물질이 아니다.
마음, 인간의 정신, 상상력, 그리고 미래에 대한 신념이다.
- 스티브 포브스

의지가 있는 사람들은 부자가 되기 위해 악착같이 산다. 하지만 부자가 되는 사람들은 극소수에 불과하다. 왜 그런 걸까? 대부분의 사람들은 부를 결정짓는 게 학벌, 인맥, 운 등이라고 말한다. 그러나 부자들은 상상력이고 말한다. 부자들은 어떻게 상상력으로 부를 만들었는지 살펴보자.

2014년 9월 전 세계의 이목이 뉴욕증시로 집중되었다. 중국 최대의 전자상거래업체, '알리바바'가 세계 시장에 데뷔한 날이었다.

'알리바바, 기업공개 역사상 사상 최대 신기록을 세우다'

그 다음 날 알리바바 창업주 마윈은 일순간 아시아 최대 거부로 떠올랐다. 고작 12달러를 받던 지방대학 영어선생이 하루아침에 아시아 최대 거부가 되었다. 마윈이 정식코스(?)를 밟았다면 2억 600만 년 동안 벌어야 할 부를 한 번에 거둬들인 셈이다. 숫자만으로는 도저히 상상이 안 되는 금액이다. 참고로 2014년 말 블룸버그통신이 발표한 마윈 회장의 재산은 297(33조 2,640억 원)억 달러다.

마윈의 어떤 점이 일개 교사였던 그를 이토록 위대하게 만들었을까? 우선 둥즈쉬안의 책 《이것이 마윈의 알리바바다》에서 밝히는 마윈의 행적을 살펴보자.

"교사 시절 그는 남들이 부러워할 만한 항저우전자과학기술대학에 재직 중이었다. 그곳에서 특유의 친화력으로 무역업 사장들을 알게 됐고, 이후 사업에 필요한 인맥의 기반을 마련한다. 그 과정에서 마윈은 중국 최초의 인터넷회사 창립을 꿈꾼다. 하지만 든든한 직장을 그만두어야 할지 고민했다. 바로 그때 퇴근길에서 우연히 마주친 학과장의 초라한 모습에 자신의 미래를 투영하고 큰 행보를 위한 결정을 한다. 그는 평소 친분이 있는 사람 24명을 불러 모아 브레인스토밍을 열었다. "회사를 그만두고 인터넷 회사를 창업할 겁니다." 마윈의 생각에 동조하는 사람은 24명 중 단 한 사람밖에 없었다. 자신의 확신을 단 한 사람이라도 알아준다는 것에 감사하며 바로 과거의 정리에 들어간다. 이후 학생을 가르치며 익힌 특유의 언변과 타고난 기질로, 당시 인터넷이 뭔지도 모르는 인터넷 불모지 중국에서 인터넷 사업을 시작하게 된 것이다. 그것이 현재 알리바바의 초석이 되었다."

마윈이 거대한 그림을 그리며 인터넷 사업을 추진한 때는 중국에서 인터넷을 아는 사람은 거의 없던 시기였다. 거시적인 안목에서 나온 상상력을 구체화시켜 어마어마한 부를 끌어당긴 것이다. 마윈은 중국이라는 거대한 인프라를 등에 업고 중국의 오프라인 유통시장을 온라인으로 통폐합시키기 위해 자신의 상상 속에 있는 밑그림을 하나씩 구체화시킨 것이다.

그런 마윈을 두고 동양의 스티브 잡스라 부른다. 진짜 스티브 잡스는 어땠을까? 그는 21세기를 대표할 최고의 혁신가로 꼽힌다. 스티브 잡스역시 포화상태에 이른 컴퓨터 시장과 인터넷 영역의 한계를 간파했다. 그리고 거시적인 안목에서 나온 상상력을 구체화시켜 어마어마한 부를 끌어당겼다. 인터넷 세상을 책상에서 손으로 옮겨놓았다. 그것은 전 세계 사람들을 흥분의 도가니로 몰아넣었다. '앱스토어'라는 시장과 그 시장에 생명을 불어넣는 '아이폰', 그리고 아이폰을 구동시키는 'iOS'를 만들어 21세기 들어 가장 완벽한 부의 생태계를 창조해냈다.

이처럼 21세기에 부를 결정짓는 가장 큰 능력은 보이지 않는 가치를 보는 감각이다. 그 감각의 다른 말은 '상상력'이다. 그리고 그것을 자신만의 특별한 시스템으로 만드는 능력에 있다. 이를 테면 사람들이 열망하는 것을 간파하고 인터넷을 활용해 전에 없던 시스템을 구축하는 것이다.

마윈은 거대한 자국의 인프라를 보았다. 1999년 싱가포르 정부가 주최한 '아시아 전자상거래 대회'에 마윈은 중국에서 유일하게 초청받았다. 그 자리에서 대부분은 이베이나 아마존, 야후의 성공모델을 이야기했지만 마윈은 아시아는 아시아만의 모델이 필요하다고 강조했다. 그렇게 해서 탄생한 마윈만의 모델인 '알리바바'는 현재 지구상에서 가장 많은 사람들이 이용하는 온라인 마켓이 되었다.

비주류였던 에반 윌리엄스, 비즈 스톤, 잭 도시는 아무도 거들떠보지 않던 사람들의 이야기를 인터넷 속으로 집어넣을 시스템을 상상했다. 이후 그 상상을 구체화시켜 '트위터'라는 전에 없던 시스템을 탄생시켰다. 트위터는 현재 페이스북과 함께 전 세계인이 사용하는 세상에서 가장 큰 소셜네크워크가 되었다. 트위터가 서비스를 시작할 초창기 사람들의 반응은 냉담했다. 별로 유용하지 않은 서비스라는 혹평도 이어졌다. "아이스크림도 별로 유용하진 않아요." 그에 대한 에반 윌리엄스의 대답이다. 트위터는 거시적인 안목에서 나온 상상력을 구체화시켜 자신만의 특별한 시스템을 만든 최고의 이야기다.

대부분의 사람들은 일확천금을 꿈꾼다. 뿐만 아니라 돈이 있어야 돈을 번다고 생각한다. 하지만 이렇게 접근해서는 절대로 큰 부자가 될 수 없다. 앞서 살펴본 예에서도 부를 만든 건 돈이 아니다. 그들이 성공을 거둘 수 있게 만든 건 상상력에서 비롯된 통찰력과 아이디어, 시스템이었다.

한때 엄청난 화제를 불러일으킨 1분 30초짜리 일본의 공익광고 영상이 있다. 어느 초등학교 미술시간, 선생님은 학생들에게 이야기한다. "오늘은 여러분 마음속에서 생각나는 것을 그려보세요." 제 각각 곤충이나 동물 그림을 그리며 자신의 생각을 도화지에 담아낸다. 그런데 한 아이는 도화지를 온통 검은 색으로 채우고 있었다. 그런데 아이는 수업을 끝마치고도 계속 도화지에 검은 색을 채워나갔다. 심지어 집에 와서도 검은 색으로 도화지를 채워나갔다.

그 학생을 본 선생님은 걱정스런 마음에 다른 선생님들과 상의하고 부모 면담까지 한다. 결국 아이가 걱정된 부모는 아이에게 '정신병'이 있다고 생각해 정신과에 데리고 간다. "뭘 그린 거니?" 의사선생님이 물었다. 하지만 아이는 말없이 계속 도화지에 검정색을 채워나갔다. 그러던 어느 날 아이가 쏟아놓은 검정색 도화지를 유심히 살펴보던 간호사는 우연히 반쯤 채워진 도화지를 발견한다. 이에 뭔가 떠오른 간호사는 부랴부랴 강당에 사람들을 모아놓고 그림을 맞추어나갔다. 그것은 거대한 고래 그림이었다.

아이는 정신병이 아니었다. 상상력이 거대했을 뿐이다. 그리고 좀 특별하게 그렸을 뿐이다. 온통 검정색으로 작은 도화지 수십 장을 꽉 채우고, 형태를 묘사하는 외곽선은 디테일하게 색을 칠했던 것이다. 인터넷에 '큰 고래를 그리는 아이'라고 검색하면 볼 수 있다.

성공하는 사람들은 원대한 빅피처Big Picture가 있었다. 빅피처란 복잡한 문제를 풀기 위한 거대한 그림이다. 부와 성공은 큰 그림을 그리고 세부사항을 디테일하게 맞춰가는 퍼즐과 같다. 수많은 과정과 디테일한 요소들이 하나로 뭉쳐질 때 큰 결과지를 도출해낼 수가 있다. 당신도 부자가 되려면 머릿속에 큰 그림을 그릴 수 있어야 한다. 그 그림을 그릴 수 있는 도구가 상상력이다.

"나는 단 한 번도 이성적인 사고를 통해 진리를 발견한 적이 없다."

인류 최고의 지성인 아인슈타인이 남긴 말이다. 부자가 되기 위해선 이성이 아닌 이상적인 사고로 세상을 대할 필요가 있다. 이상적인 사고는 상상력을 동반한다. 상상력으로 발현된 당신의 아이디어를 구체화시킬 때 부가 창조된다. 부를 결정짓는 것은 돈이 아니다. 학벌도 배경도 아니다. 어떠한 이유로든 상상력을 막지 마라. 앞으로의 세상은 남과 다른 상상력을 가지고, 구체화시키는 사람들이 새로운 부의 주인이 될 것이다.

05

누군가 규칙을 만들었고
당신은 그것을 따랐다

여유가 있는 사람은 상황을 통제할 수 있다.
하지만 여유가 없는 사람은 상황에 통제받고,
종종 스스로 판단할 기회를 놓친다.

- 하버 파이어스톤

"네오, 너무나 현실 같은 꿈을 꾸어본 적이 있나? 만약 그 꿈에서 깨어나지 못한다면? 그럴 경우 꿈속의 세계와 현실의 세계를 어떻게 구분하겠나?"

2199년. 인공두뇌를 가진 컴퓨터가 세상을 지배한다. 인간은 태어나자마자 컴퓨터가 만들어놓은 인공 자궁 안에 갇혀 AI의 생명 연장을 위한 에너지로 사용되고, 뇌에는 컴퓨터가 만든 프로그램이 입력된다. 그러면 인간은 뇌 속에 입력된 정보가 '진실'이라고 믿고 영원히 그 캡슐에서 나오지 못한 채 살아가게 된다.

1999년에 개봉한 영화 〈매트릭스〉의 이야기다. 만약 이게 현실이라면 얼마나 무서운 일인가? 나아가 그 사실을 모른 채 살고 있다면 정말 소름끼치는 일이다. 하지만 영화 〈매트릭스〉는 우리의 현실을 너무도 잘 반영하고 있다. 안타까운 사실은 그 현실을 알아채지 못하고 있는 사람이 너무도 많다는 것이다. 수천 년 전부터 이어져온, 지배·피지배 계급이 그 모습만 달리한 채 이어지고 있지만 지배에 길들여진 대중은 여전히 현실에 순응한 채 매트릭스 속에서 좀비처럼 살고 있다.

남녀노소 누구나 잘 아는 보드게임이 하나 있다. 바로 '블루마블' 게임이다. 블루마블 게임의 영어 이름은 'Bluemarble'이다. 푸른 구슬이란 뜻으로 지구를 의미한다. 전 세계를 돌며 각 나라의 주요 도시를 사고 건물을 짓고 최종적으로 상대를 파산시키는 것이 목표다. 물론 현실은 이 게임보다 훨씬 복잡하지만 현실도 일종의 게임이라는 사실을 알아둘 필요가 있다. 현실도 지배계급이 만든 거대한 화폐의 게임에 의해서 지배당하고 있다. 그리고 그것을 통해 시스템과 룰을 만들고, 대부분의 사람들은 그 시스템 속에서 살며 룰을 따르고 있다. 쉽게 이해하기 위해 '현실을 게임으로 가정해보자. 게임에는 플레이어player가 필요하고 말이 필요하다. 게임판은 게임을 즐기기 위한 무대다. 게임에서 이기기 위해선 어떻게 해야 할까? 말이 게임을 이길 수는 없다. 게임을 움직이는 건 플레이어이기 때문이다. 답은 매우 간단해졌다. 인생이라는 게임에서 이기기 위해서는 말이 아닌 플레이어가 되어야 한다. 이 원리를 이해하지 않고서는 영원히 게임에서 이길 수가 없다. 플레이어는 CEO고 말은 노동자다. CEO라고 겁먹을 필요 없다. 주식회사 같은 큰 기업의 CEO도 있지만 능력이 있다면 1인 기업이라도 좋다. 1인 기업으로 엄청난 부

40 부자혁명

를 만들 수 있다. 1인 기업의 CEO는 바로 자기 자신이다.

게임은 기본적인 게임규칙 말고, 승부를 결정짓는 운영규칙이 필요하다. 이것이 게임의 룰이다. 나는 화투의 기본규칙을 동네 형, 누나들에게 배웠다. 처음에는 게임의 룰을 몰라 패를 잘못 내 독박이나 피박을 쓰는 등 된통 당하기 일쑤였다. 하지만 게임의 룰을 알수록 내가 이기는 횟수가 늘어났다. 마찬가지로 인생이란 게임에서 플레이어로 살기 위해서는 세상을 움직이는 법칙을 제대로 이해해야 한다.

그 첫 번째가 제대로 된 '룰'에 대한 공부다. 인생이란 게임에서 이기려면 자본주의 사회의 핵심 법칙인 금융지식을 반드시 공부해야 한다. 하지만 지배계급은 끊임없이 복잡한 금융상품을 만들어 사람들을 머리 아프게 만든다. 머리 아프니까 무관심해진다. 사람들이 돈에 대해 무지해질수록, 돈은 금융지식을 공부한 사람들의 주머니로만 흘러들어간다.

수십 가지의 복잡한 교과목 지식은 대학 진학 외에는 쓸데가 없다. 하지만 금융지식에 대해 공부하면 돈의 흐름을 보는 눈이 생긴다. 블루 마블 게임에서처럼 별장 몇 채보다 호텔 한 채 짓는 게 낫다는 것을 알게 된다. 내놓으라 하는 스펙을 가진 일류대 출신을 지배하는 사람은 변변치 못한 학벌을 가진 사람이 대부분이다. 그러나 이들은 금융지식만큼은 누구보다 깊이 공부한 사람들이다.

두 번째는 돈을 버는 방법이 아닌 돈을 쓰는 방법을 배워야 한다. 많은 사람들이 아주 긴 시간 동안 일을 통해 돈 버는 방법을 배운다. 부자가 되기 위해서는 소득이 높은 직업을 얻어야 하는데, 그러기 위해서는 좋은 학교를 들어가야 한다. 그 다음은 좋은 직장에 들어가 열심히 돈을 벌고 은행에다 차곡차곡 모아야 한다. 하지만 부자들은 절대 그렇게 돈을 벌지 않는다. 오히려 쓰는 기술을 먼저 배운다. 돈을 똑똑하게 쓰는 사람이 돈을 똑똑하게 모으는 사람보다 훨씬 잘 산다.

마지막으로 돈이 저절로 들어오는 통로를 만들어야 한다. 이것은 첫 번째 규칙인 '금융지식을 통해 돈의 흐름을 보는 눈'이 생길 때 더 빨리 만들 수 있다. 보다 많은 사람들의 고민을 해결해주거나 욕구를 충족시켜주면 돈이 저절로 들어오는 통로를 만들 수 있다. 남들의 고민거리를 해결해줄 답을 알고 있다면 책을 쓰고 강연회를 열어라. 욕구를 충족시킬 수 있는 상품을 개발해도 된다. 잊지 말아야 할 것은 무엇을 하든 간에 통로를 만드는 게 주목적이라는 것이다.

현실은 지배·피지배 계급, 가진 자와 못 가진 자들이 살아가는 잘 짜인 매트릭스이며, 정교한 게임판이다. 이것은 지배계급이 종교와 교육, 화폐제도를 통해서 수천 년 전부터 만들어놓은 세계다. 그 매트릭스에는 보이지 않는 벽이 있다. 사실 벽은 존재하지 않는다. 거기에 벽이 있다고 믿는 사람들이 만들어놓은 가상의 벽이다. 그러나 이것을 깰 시도조차 하지 않는다.

코끼리 사슬 증후군이란 말이 있다. 한계에 대한 벽은 거대한 코끼리에게도 그대로 적용된다. 서커스단에 있는 코끼리는 어렸을 때부터 발이나 목을 사슬로 묶어둔다. 어린 코끼리들은 본능적으로 사슬을 끊으려고 발버둥치지만 이내 포기하고 만다. 문제는 어른 코끼리가 되었을 때다. 5톤이 넘는 어마어마한 몸집이 되어서도 코끼리는 사슬을 끊을 생각을 못 한다. 덩치는 커졌지만 사슬은 끊어지지 않는다는 어릴 적 기억 때문에 사슬을 끊을 생각도 못한다.

만물의 영장인 우리 인간도 이와 다르지 않다. 누군가 체제 유지를 위해 만들어둔 것인데, 어릴 때부터 교육받고 각인되어 그것이 세상 절대 규칙인양 받아들인다.

이제는 인식을 바꿔야 한다. 누가 그런 것을 만들었는지는 중요하지 않다. 그들이 만들어놓은 틀 속에 갇혀 살 필요가 없다는 것을 깨달아야 한다. 더불어 자신의 한계를 규정할 필요가 없다. 나 자신이 그 규칙을 뛰어넘는 사람이 되면 된다. 기존의 규칙을 뛰어넘으면 세상을 살아가는 규칙이 바뀌게 된다.

"게임의 규칙이 바뀔 때 큰 기회가 온다." 조지 소로스가 입버릇처럼 하는 말이다. 한계를 부수는 순간 규칙은 사라지고 거대한 기회를 만날 수 있다. 큰 부자가 된 사람들은 모두 이와 같은 과정을 거쳤다. 마찬가지로 당신이 큰 부를 이루기 위해서는 이와 같은 과정이 반드시 필요하다. 현실 같지만 당신의 인생을 가둬두고 있는 꿈에서 깨어나라. 더 이상 누군가 만들어놓은 규칙을 믿지 마라. 그 규칙을 깨는 순간 부자의 길이 열린다.

06
부자가 되는 것은
선택이 아니라 필수다

가난에 쫓기는 생활은 삶이라 할 수 없다.
- 매난드로스

아시아 최대 갑부 마윈은 가난이 죄는 아니지만 35살까지 가난하다면 그건 누구도 탓할 수 없다고 했다. 나는 이 말에 '위대한'이라는 형용사를 붙이지 않을 수가 없다. 그만큼 내 마음을 진동시킨 한 마디였기 때문이다. 나 역시 35살이 넘어가도록 내가 가난한 건 가난한 집에서 태어났기 때문이라고 생각했다. 30대 후반이 돼서야 인생을 똑바로 보는 눈이 생겼다. 내가 가난했던 건 온전히 내 탓이라는 사실을 깨달았다.

세상을 이끄는 리더들 중에 절반 이상은 지독히 가난한 환경에서 나고 자랐다. 그들은 일찌감치 가난에서 벗어나는 길만이 자신의 운명을 구원해줄 것이라 믿었다.

국민가수 인순이. 그녀는 어린 시절 너무나 가난했다. 뿐만 아니라 그녀는 가수지망생도 아니었다. 하지만 고등학교를 졸업하자마자 가족을 먹여 살리기 위해 직업가수로 나서야 했다. 가난에서 벗어나기 위해 치열하게 노래를 불렀다. 초창기 '희자매'라는 그룹으로 출발했다가 능력을 인정받아 솔로로 데뷔하게 된다. 그러다 '인순이와 리듬터치'를 결성해 한국 최초 백댄서 팀을 만들어 활동하기도 했다. 그 사이 '밤이면 밤마다', '거위의 꿈' 등 수많은 곡을 히트시켰다.

"너는 지는 해, 그 아이는 뜨는 해…."

인순이가 성공의 가도를 달리고 있을 때 그녀의 매니저이자, 가수 김완선의 이모가 한 말이다. 그녀의 인기가 절정에 이를 무렵 한국의 마돈나 김완선이 혜성처럼 나타나 그녀의 인기를 위협했다. 그러나 인순이는 꺾이지 않고 자신의 꿈을 위해 전진했다. 위기의 순간마다 포기하지 않은 그녀에게 신은 기회라는 선물을 주었다. 스스로 가난에서 벗어날 수 있는 길을 택했고, 그것이 그녀의 운명을 구원했다. 가난을 거부한 몸부림이 그녀를 한국 최고의 가수로 만들어준 것이다.

가난을 극복하려는 의지가 없었다면 오늘날 그녀의 성공이 있었을까? 가수 인순이에게 가난은 오늘을 있게 해준 축복이었는지도 모른다.

가난이 방문으로 들어오면 사랑은 창문으로 달아난다는 속담이 있다. 사랑해서 결혼했지만 돈 때문에 다투고 사이가 멀어진다는 소리다. 이혼을 하는 부부들은 수많은 사연이 있다. 하지만 가장 근본적인 문제는 가난에서 시작된다고 해도 과언이 아니다. 뿐만 아니라 가난은 생계형 범죄로까지 이어진다. 생계형 범죄는 주변의 많은 사람에게 영향을 미친다. 전기선을 끊어가 광범위 정전사태가 빚어지고, 맨홀 뚜껑을 훔쳐 가 사람이 빠진 사례도 있다.

범죄를 저지르는 많은 사람들이 처음부터 범죄를 저지르려고 한 것은 아니다. 다만 돈이 부족해 벼랑 끝에 몰리면 돈만 보이는 상태가 된다. 그때 이성을 놓아버리고 범죄에 손을 뻗친다. 때문에 고작 빵 한 조각 훔 친 죄로 19년 형을 선고받은 장발장처럼 참 안타가운 사연도 많다. 심각 한 문제는 배고픔에 첫 범죄를 저지르다가 점점 그 수위가 높아지는 데 있다.

가난이 엄습하면 눈물을 머금고 포기해야 하는 것들이 많아진다. 내 가 14살 되는 해 가을, 아버지는 동네 품앗이로 이웃의 일손을 도우기 위해 호두나무에 올랐다가 발을 헛디뎌 추락 사고를 당했다. 그 사고로 두개골 함몰이라는 큰 부상을 입었다. 다행히 뇌에는 큰 손상이 없었지 만 인공 두개골 수술을 해야 했다. 그러나 당시 가난했던 우리 집안 형편 으로서는 더 이상 손쓸 도리가 없었다. 아버지는 뇌의 뼈가 일부 없는 상 태로 뇌병변장애를 안고 살아야 했다.

그 일이 있기 전 아버지는 잘못된 빚보증으로 눈앞에서 수십 년 일군 알짜배기 땅을 은행에 넘겨야 했다. 한 마을에 살던 친척 할머니의 간곡 한 부탁이라 어쩔 수가 없었다. 그 할머니에게 돈이 없었기 때문에 우리 집까지 피해를 보게 됐지만 우리 집도 가난해서 담보물이 넘어가는 걸 막을 도리가 없었다. 수년 후 그 땅에는 다목적 댐이 건설되었다. 그 땅 을 경매로 낙찰받은 사람은 수천만 원의 수익을 얻었다.

살다 보면 수만 가지의 상황이 찾아온다. 하지만 가난은 그 모든 상황을 제대로 대처할 수 없게 만든다. 또한 원치 않는 수많은 일에 휘둘리게 만든다. 당장 필요한 최소한의 삶도 누릴 수 없게 만드는 것이 가난이다. 가난하면 사랑을 지키기도 힘들고, 사랑하는 가족과 함께 할 수도 없고, 자신도 모르게 범죄자가 되기도 한다. 정말 급박한 상황에서도 손을 쓸 수가 없으며, 큰 이익도 눈앞에서 놓치고 만다.

가난이 더욱 무서운 건 우리가 누릴 수 있는 모든 자유를 억압하기 때문이다. 가난은 마음의 병을 만들고, 삶을 더 고통스럽게 만들며, 점점 위축되는 나를 발견하게 한다. 가난에서 벗어나야 우리에게 주어진 소중한 삶을 마음껏 누릴 수 있다. 희망적인 건 수많은 성공자들이 가난했기 때문에 지금의 위치에 오르는 자극을 받았다는 사실이다.

여기 사업에 성공한 유능한 1인 기업가 한 명 있다. 그는 가난하게 태어났지만 자신은 가난하게 살 운명이 아니라고 스스로 못을 박았다. 사람들이 계속 가난해질 수밖에 없는 이유는 가난한 생각, 마음의 병 때문이라 생각했다. 그는 매일 다짐했다. '나는 부자가 되고, 세상에서 인정받는 사람이 될 것이다.' 그때부터 가난한 생각에 갇히지 않기 위해 끊임없이 노력했다. 밥 한 끼 먹는 것이 아까워 굶기도 했고, 돈이 없어 5개의 버스 정거장을 걸어다니기도 했지만 생각을 바꾼 이후로 최고급 레스토랑에서 식사를 하고, 럭셔리한 차를 사고, 최고의 집에서 살며, 세상을 움직이는 리더가 되자고 결심한다. 그 결심은 그의 삶을 완전히 바꿔놓았다. 그는 모든 생각과 행동을 성공자의 것으로 변화시켰다. 인생의 플러스가 되는 일이라면 닥치는 대로 했고, 마이너스가 되는 것들은 모두 정리했다. 그때부터 부의 흐름이 바뀌기 시작했다. 한 예로 어느 날 한 권의 책을 보고 과감히 람보르기니를 구매했다고 한다. 그러자 그것이 유튜브를 타고 화제가 되어 순식간에 매출은 2배로 뛰었다.

마윈의 명언처럼 당신이 35살 이후로도 가난하다면 그건 당신이 가난한 습관에 물들어 있기 때문이다. 가난한 사람들은 대개 아침에 일어나 저녁에 잘 때까지 가난한 습관 속에서 산다. 가난한 자의 특징은 미래마저도 가난해지는 생각을 한다는 것이다. 돈을 잃지 않기 위해 보험에 들고, 회사에 잘리지 않으려고 스펙과 자격증에 시간을 쏟는다. 조금이라도 싸게 사려고 밤새워 줄을 서고, 가난한 모습을 숨기기 위해 사치품을 사들인다. 하지만 이런 것들로는 절대 부자가 될 수 없다.

만약 당신이 가난한 부모 밑에서 태어났다면 그건 부모의 일로 끝내라. 그 사실만으로도 당신에게는 가난에서 벗어나야 하는 책임이 있는 것이다. 당신도 자식에게 가난을 물려주고 싶지는 않을 것이다. 자신의 삶을 구원해줄 수 있는 건 가난에서 벗어나는 것밖에 없다. 가난하다고 좌절하지 말라. 인간에게는 무엇이든 극복할 힘이 내재되어 있다.

07

누가 내 파이를
훔쳐갔을까?

시간은 케이크처럼 다른 이와 나눌 수 있는 것이 아니다.
시간은 삶의 핵심이다. 누군가가 당신에게 당신의 시간을 달라고 한다면
분명 그들은 삶의 일부를 요구하고 있는 것이다.

- 앙뜨와네뜨 보스코

요즘 들어 사람들이 점점 멘붕에 빠지고 있다. 부자는 계속 부자가 되지만 가난한 사람은 자꾸 가난해진다는 '믿음' 때문이다. 뉴스를 틀면 청년백수의 이야기가 어김없이 흘러나오고, 생활을 비관한 나머지 좋지 않은 선택을 한 사람들 얘기뿐이니 이상할 노릇도 아니다.

"있는 놈들은 다 도둑놈들이여!" 기름기 묻은 손으로 땀을 닦던 김씨 아저씨의 돈 좀 있는 사람들을 향한 푸념이 오늘도 터져나온다. 마치 맛있는 파이 조각을 눈앞에서 빼앗긴 어린아이처럼….

2015년 정부가 발표한 최저임금법 시급은 5,580원이다. 월급으로 치면 116만 원이 된다. 최저임금위원회가 발표하는 청년층의 한 달 평균 생계비 194만 원에 턱없이 못 미치는 수준이다. 이를 두고 한편에서는

대폭 인상해야 한다는 목소리가 흘러나온다. 얼마 전까지 근로자였던 나로서도 시급이 대폭 인상되면 '땡큐 소 머치'였다.

하지만 중소기업 사장님들의 한숨 소리가 여기저기서 들린다. 당연히 이해된다. 매달 한정된 결과물로 파이 나누기를 해야 하는 게 회사다. 시급이 갑자기 오르면 문을 닫아야 될 지경이다. 한정된 결과물보다 더 많은 돈을 배분하면 회사는 망하거나 회사의 대표가 은행장으로 바뀌거나 둘 중에 하나다. 악순환의 반복이다. 앞으로 더하면 더했지 덜하지는 않을 것이다. 지금 이대로라면 계속 이대로인 거다.

왜 이런 일이 발생하는가? 접근방법부터 잘못되었기 때문이다. 당연한 결과지를 들고서 자신의 입장만 외쳐서는 절대로 그 해답을 찾을 수가 없다. 회사에서는 오너의 아이디어가 창조해놓은 정해진 결과물 내에서만 돈을 배분해야 한다. 정부의 입장에서는 회사의 손을 들어줄 수도 없고 노동자의 손을 들어줄 수도 없다.

많은 사람들이 여전히 세상에는 부가 한정되어 있고 그것을 나눠가져야 한다고 생각한다. 이러한 사고는 가난한 사람을 더욱 가난하게 만든다. 삶의 의욕을 빼앗는 '상식'이기 때문이다. 하지만 이 상식은 진리가 아니다.

세상 만물을 쪼개고 쪼개면 에너지 입자만 남는다. 이는 중학교 과학 시간에서부터 배운 지식이다. 좀더 자세히 설명할 수도 있지만 세상을 이루는 근원은 에너지라는 사실만 알고 넘어가자. 에너지는 무궁무진하다. 파이 조각처럼 나누는 게 아니다. 부의 기준을 화폐로 한정시키기 때문에 그렇게 보일 뿐이다. 부는 한정된 파이를 나누는 것이 아니고 새로운 것을 창조하는 것이다.

그럼 어떻게 부가 창조되는지 일화를 들어보자. 평소에 상상을 즐기는 학생이 있었다. 좋아했던 여자애가 있었는데 차였다. 기숙사로 돌아온 그는 자신의 블로그에 전 여자 친구의 험담을 쓴 뒤, 학교 데이터베이스를 해킹하여 여학생들의 외모를 비교하는 놀이용 사이트를 만든다. 반응은 폭발적이었다. 학생들 사이에서 인기를 끌었지만 이 일로 그는 학교에서 6개월 근신 처분을 받게 된다.

하지만 그 일은 교내의 엘리트 멤버의 눈에 띄었고 소셜네크워크 서비스 제작을 의뢰받게 된다. 거기서 아이디어를 얻은 그는 아무도 관심 없던 사람들의 이야기를 인터넷에 올릴 아이디어를 떠올린다. 그리고 곧바로 소셜네트워크 사이트 '더페이스북'을 만든다. 페이스북은 인터넷을 타고 전 세계로 퍼져나갔다. 단박에 세계 최대의 거부로 떠오른 사람, 마크 저커버그의 이야기다. 그는 2011년 미국의 경제전문지 〈포브스〉가 선정한 세계 1위 청년 부호의 자리에 올랐다.

그를 거부로 만든 것은 파이 조각이 아니다. 아이디어를 실천하자 영향력이라는 에너지로 파생되어 부가 창조되었다. 걱정하지 마시라, 당신도 충분히 할 수 있다. 당신의 두뇌를 말랑말랑하게 하는 부자의 사고와 부자의 습관으로 바꾸기만 하면 된다.

최근 몇 년 사이 열풍처럼 불고 있는 웹툰 작가들도 창조를 통해 부를 창출한 좋은 예다. 그리고 그 시장은 기하급수적으로 커지고 있다. 다음은 〈매일경제〉 2015년 6월 11일자 배한철 기자의 '게임·TV드라마 … 갈 수록 커지는 웹툰시장' 기사 중 일부다.

> "웹툰 작가들의 원고료 수입 536억 원, 보조 작가 인건비 268억 원, 플랫폼 광고 수익 405억 원, 유료 콘텐츠 이용 수입 112억 원 등이다. 이번 조사에서는 포털, 웹툰 전문 사이트 등에서 활동하는 작가가 4,661명이며 돈을 받고 서비스하는 유료 웹툰이 748편에 달하는 것으로 나타났다. 웹툰 작가들의 원고료는 신인 작가가 주 1회 연재 기준 월 120~200만 원, 경력 작가는 회당 70~80만 원이었다. 유명 작가가 되면 회당 500~600만 원으로 치솟는다."

미생의 작가로 유명한 윤태호 같은 거물은 웹툰을 통해 천문학적인 수익을 올렸다. 1차 수익도 어마어마한데 이미 그의 웹툰은 여러 편이 드라마나 영화로 제작된 바 있다. 그의 최고 성공작인 《미생》은 인세로만 20억 원을 벌었다는 후문이다.

부의 재료는 널렸다. 세상에 존재하는 사람만큼이나 경우의 수는 많다. 그것을 발견하느냐와 못 하느냐의 차이만 있을 뿐이다. 부의 에너지를 감지하는 능력차다. 1987년도에 국내에서 개봉된 영화 〈프레데터〉에는 괴물 프레데터가 나오는데, 열을 감지하여 사람을 무차별적으로 죽이고 다닌다. 위기를 느낀 주인공은 기지를 발휘해 진흙을 몸에 바르고 체온을 숨긴다. 그러자 프레데터는 바로 옆을 지나치면서도 주인공의 '존재'를 감지하지 못한다.

부를 감지하는 능력도 똑같다. 가난한 사람들은 관념의 벽을 만든 채 눈을 뜨고도 부의 에너지를 감지하지 못한다. 좀더 유연한 사고로 자신을 둘러싸고 있는 무한한 부의 에너지를 자각할 때 비로소 관념이라는 막이 걷히면서 부의 '존재'를 확인하고 실제로 창출해낼 수 있는 것이다.

부가 무한하다는 것을 알고 있는 부자는 항상 모든 시간과 장소에서 부를 창조할 수 있는 에너지에 자신의 안테나를 세운다. 창조자와 생산자의 마인드로 세상을 관찰하는 것이다. 반면 가난한 사람들은 누군가 창조해놓은 것에서 어떻게 더 많이 가져올까만 궁리한다. 파이 나누기다. 대부분의 사람들이 노예로 사는 데 너무 익숙해져 더 이상 창조의 꿈을 꾸지 못한다. 나 역시 회사원일 때 그랬다. 하지만 관점을 바꾸고 의식을 바꾼 뒤, 회사원의 한계에 갇혀서는 이 문제를 해결할 수 없다고 생각했다. 그래서 내 아이디어를 창조하고 생산할 수 있는 1인 기업가가 되기 위해 이 책을 쓰기 시작했다. 나의 안테나가 창조적인 활동 채널로 변경되자 '파이 조각'이 아닌 '온전한 파이'가 보이기 시작했다.

사실 파이 조각은 아무도 훔쳐가지 않는다. 파이를 주는 회사에 들어가지 않으면 된다. 스스로 부를 창조하는 사람만이 이 문제를 풀 수가 있다. 지금 회사원이라면 하루 빨리 스스로 부를 창조할 수 있는 위치로 올라서야 한다. 누군가 창조해놓은 것을 나눠먹기 위해 달려들 것이 아니라 스스로 창조하는 습관을 들여야 한다. 그렇지 않으면 영원히 승자도 패자도 없는 이 게임의 쳇바퀴에서 벗어날 수가 없다.

08

돈 문제를 해결하는 건
돈이 아니다

깨진 독에 물을 붓지 마라.
새는 구멍을 막은 다음 물을 부어라.

- 이건희

"다행히도 현금서비스 한도가 100만 원이나 남아 있었다. 그걸로
저 카드결제를 하고 나면 한 달은 버틸 수 있겠다."

경제신문 가십거리에서 읽은 기사 제목이다. 또한 내 이야기이기도
했다. 나도 이런 때가 있었다. 대부분 한 번쯤은 겪게 되는 시행착오일
것이다. 대개의 사람들은 빚이 생겨서 돈에 쫓기게 되면 온 정신을 그 빚
에 몰두시키고 또 다른 돈으로 빚을 갚으려고 발버둥을 친다. 그런데 과
연 그게 해결책이 될까?

2000년대 초 우리나라는 신용카드 대란의 여파로 심각한 지경에 이
르렀다. 월드컵이 열리던 2002년 기준 1인 카드 발급이 4.6장이었다.

사실 신용카드는 제대로 된 거 한 장이면 충분하다. 내가 심각한 제정위기를 맞은 것도 그때 즈음이다. 등록금 대출까지 겹쳐져 더 그랬다. 졸업과 동시에 빚쟁이로 내모는 대학교, 한창 꿈을 펼칠 나이에 빚부터 갚아야 하는 이 시대의 젊은이들. 4년 공부의 결과물은 부자 되는 데 아무런 도움도 주지 못하는 학위증 1장이었다. 돈 주고 사는 한 줄 이력에 불과하다.

이후 생활비를 최소한 줄였지만 결국엔 카드돌려막기 밖에 방법이 없었다. 그 당시엔 멍청하게도 '현금서비스'가 대출이라는 생각을 못했다. 나는 휴대전화 요금이나 각종 후불 공과금도 일종의 대출이고 생각한다. 그로 인해 빚은 늘어갔고 결국 개인회생 프로그램을 통해 겨우 빚을 해결했고, 그 경험을 바탕으로 지금까지 금융 모범생으로 살고 있다. 빚은 빚을 낳는다는 보기 좋은 예다. 그리고 10년이 지난 지금은 신용 1등급이 되었다. 값비싼 등록금을 치른 셈이다. 하지만 달리 생각하면 좋아할 일도 아닌 것 같다. 다시 빚에 짓눌릴까 노심초사, 모험 없이 바보처럼 살았기 때문이다.

그럼 부자들은 돈 문제가 생기면 어떻게 해결할까?《김밥 파는 CEO》의 저자로 유명한 'JFE' 김승호 대표가 자신의 저서에서 밝힌 이야기를 따라가 보자. 1964년 충남 장항에서 태어난 그는 1987년 중앙대학교 재학 중 아메리칸 드림의 꿈을 안고 미국으로 떠난다. 햄버거의 본고장 미국에서 우리나라 '김밥'을 대중화시켜보겠다는 꿈을 가지고 김밥매장을 성공적으로 키워나간다. 하지만 규모의 한계를 느낀 그는 2005년,

인생 최대의 거래를 하기로 마음먹고 뉴욕으로 날아갔다.

그곳에는 JFE라는 업계에서 경험이 많고 오랜 역사를 자랑하는 회사가 있었다. 특유의 감각으로 그 회사가 급격히 성장가능하다는 것을 인지한 김승호 사장은 JFE를 반드시 인수해야겠다고 마음먹었다.

"내가 당신의 회사를 인수하겠소."

당시 JFE를 소유하고 있던 중국인 사장은 매장이 수백 개나 되지만 매장당 평균 매출이 월 1,000달러도 안 돼 고심하던 찰나였다. 그는 김승호에게 전체 매장을 넘겨주는 조건으로 180만 달러를 요구했다. 하지만 김승호의 수중에는 1만 8,000달러도 없었다. 그런데 그는 어떻게 JFE를 인수했을까?

그는 2달 안에 1만 달러 수익을 내는 매장으로 만들겠다고 제안한다. 손해 볼 게 없는 거래라 생각한 사장은 그의 청을 흔쾌히 허락했다. 이후 그는 판매에 방해가 되는 요소는 모두 제거하고 개선했다. 또한 자신의 경험과 노하우를 살려 판매방식도 모조리 교체했다. 2달이 채 되기도 전, 5개의 매장 전부에서 1만 달러 이상의 매출을 올렸다. 그러자 중국 사장이 먼저 연락했다고 한다.

"당신에게 비즈니스를 팔겠소. 지금 얼마나 갖고 있소?"

"2,300달러 있습니다."

"농담하는 거요?"

"농담이 아닙니다. 제가 당장 드릴 수 있는 돈은 그것이 전부입니다. 하지만 당신에게 갚을 돈은 다 당신 사업 안에 있습니다. 보시지 않았습니까?"

그렇게 김승호는 빈손이나 다름없는 2,300달러로 JFE를 '인수액 분납 조건'으로 인수하게 된다. 이후 불과 몇 년 만에 시가총액 700억 원의 회사로 키워냈다.

대개는 돈 문제에 부딪히면 겁부터 집어먹고 꼬리를 내린다. 하지만 김승호는 더 고개를 세우고, 중국인 사장이 돈 문제를 겪고 있는 근본 문제가 무엇인지를 파악했다. 그 다음으로 자신의 상상력과 긍정적인 경영 마인드를 활용해 그 문제를 바로 잡았다. 당연히 이 과정에서 돈은 들지 않았다.

김승호가 돈 문제가 생기는 근본을 해결하자 돈은 기하급수적으로 흘러들기 시작했다. 부자가 될 사람들은 돈 문제는 돈 문제로 놔두고 근본부터 바로 잡는다. 근본 문제를 해결하면 금세 돈 문제는 사라진다는 것을 알고 있기 때문이다.

나는 비염 증상이 심했다. 임시방편으로 비염약을 달고 살아야 했으며 막힌 코로 인해 밤에 잠도 곤히 잘 수 없었다. 잠을 제대로 자지 못하니 하루 종일 피로하기 일쑤였다. 그러던 몇 해 전 나는 병원을 찾아가 큰 맘 먹고 '비중격 만곡증' 수술을 받았다. 학창시절 사고로 휜 코뼈가 문제였던 것이다. 수술을 받은 후에는 잠자리가 달라졌다. 근본을 바로 잡자 금세 효과가 나타났다. 당연히 하루 컨디션이 좋아지고 그 흐름은 내 생활 여러 곳에 나비효과처럼 나타나고 있다.

돈 문제가 생겼다고 돈에 대해 걱정해야 하는 것은 아니다. 걱정은 걱정을 낳을 뿐이다. 그보다 먼저 돈 문제가 생기는 근본을 해결해야 한다. 돈 문제가 생기는 원인은 돈이 나가는 통로보다 들어오는 통로가 좁기 때문이다. 우선 카드돌려막기 할 지경까지 이르렀으면 가족들에게 이실직고 하는 게 낫다. 그도 아니면 그 상황을 그대로 받아들이는 것이다. 이 또한 지나가리라. 걱정할 시간에 돈이 들어올 수 있는 통로를 키우는 데 몰입해야 한다.

내가 이 책을 어떻게 집필하게 되었을까? 나는 사고 이후 나의 길을 찾기 위해 내게 마이너스가 되는 것들은 모두 제거했다. 그리고 플러스가 되는 것들만 취하려고 했다. 내 아이디어를 책으로 내기로 결정하자 회사는 나의 귀중한 시간을 갉아먹는 존재였다. 그래서 회사를 박차고 나왔다.

당장 돈 문제가 생겼다. 하지만 나는 그 문제를 풀기 위해 돈에 대해 걱정하기 전에 부를 끌어당길 방법을 모색했다. 당차게 나서는 나를 보이지 않는 손들이 돕기 시작했다. 당연히 나의 생각, 나의 결정, 나의 행동들은 부를 끌어당기는 것에만 집중되었다. 집중을 하고 책을 쓰니 필요 없는 것들이 하나씩 제거되기 시작했다. 그리고 비워진 그 자리에 부를 끌어당길 수 있는 아이디어들이 채워졌다.

돈 문제가 생기는 것은 돈이 나가는 통로를 막으려고만 하기 때문이다. 돈 문제가 생길수록 돈 문제를 만드는 근본을 개선해야 한다. 하지만 어떠한 선택권도 없는 회사에 다니는 직장인은 근본을 개선하는 데 한계가 있다. 자신의 자질로 부를 끌어당기는 사람만이 돈이 들어오는 통로를 한계 없이 넓힐 수 있다. 일단 통로가 넓어지면 돈은 눈덩이처럼 불어난다.

　문제가 생기면 문제를 직시하라. 당장의 위기를 벗어날 임시방편보다는 문제를 바로 잡을 지혜가 필요하다. 근본을 바로 잡는 것이다.

제2장

부자와 빈자를
결정짓는 생각의 차이

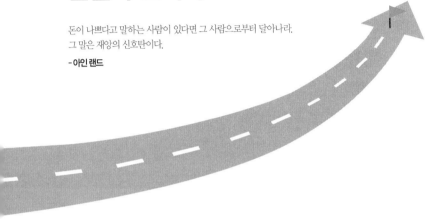

01

가난은 악의 근원이며, 돈은 무한하다

돈이 나쁘다고 말하는 사람이 있다면 그 사람으로부터 달아나라.
그 말은 재앙의 신호탄이다.

- 아인 랜드

당신은 수많은 악행들이 돈 때문에 벌어진다고 생각하는가? 그렇지 않다고 대답했길 바란다. 나 역시 돈 때문에 악이 생긴다고 여겼다. 하지만 부자들은 정반대의 가치관을 가지고 있다. 그들은 돈 자체가 행복을 주지는 않지만 잘못된 판단을 내리지 않도록 해준다는 것을 잘 알고 있다. 또한 가난을 해결해줄 수 있는 돈도 무한하다는 것을 잘 안다.

다음은 2015년 7월 14일 18시 MBC 뉴스, 〈이브닝 이슈〉의 일부다.

84살 김 모 할머니는 지난달 동네 가게에서 생수 4병을 훔치다 붙잡혀 경찰 조사를 받았습니다. "찢어지게 가난해가지고 못 먹었어." 양파 가공 공장에서 양파를 훔쳐가기도 합니다. "양파는 생전 안

훔쳐가는데 훔쳐갔다니까요. 이번에 처음으로. 이런 걸 다 훔쳐가
나 싶어요." 분유통에는 철끈을 둘러놨고, 일반 분유보다 2배 비싼
산양분유는 아예 진열대에서 치워놨습니다. (중략) 벌금을 내지 못
해 노역형을 받은 사람은 지난 2012년에 3만 9,000명이었습니다.
2014년에는 3,000명이 더 늘어 4만 2,000명이나 됐습니다.

'생활범죄'로 분류되는 이런 범죄는 경제가 어려워지고, 취업난이 겹
치면서 계속 증가하고 있다. 모두 가난에서 비롯된 것들이다. 가난은 사
람을 어둠으로 내몰고, 다시 벼랑 끝으로 몰아 본연의 인간이 가진 이성
을 잃게 만든다. 배고픔 때문에 범죄자로 전락하는 것이다. 거기에 그치
지 않고 범위가 확대된 생활범죄는 기업형 범죄조직까지 연결되어 사회
전반에 악영향을 미친다.

사람들은 태어날 때부터 돈은 한정돼 있다고 배운다. 그래서 부자가
창조해놓은 한정된 돈의 틀 안에서 '파이 나누기'만 하면서 살아간다. 이
는 자존감을 잃게 만들고 돈만 쫓는 삶을 살게 만든다. 뿐만 아니라 이런
사고방식은 남 위에 올라서야 잘 산다는 파괴적인 생각을 불러온다. 결
국 돈의 노예로 전락하며 가난한 삶을 걷게 된다. 온갖 범죄나 각종 사기
사건을 낳는 모종이 되는 것이다.

이러한 원인은 어디에서 비롯된 것일까? 성경에는 '돈을 사랑하는 것
은 모든 악의 뿌리다'라는 구절이 있다. 이것이 와전되어 사람들로 하여
금 돈 자체가 악이라고 생각하는 상황을 불러일으킨다. 종교는 애초에

지배자들이 피지배자들 위에 군림하기 위해, 만인이 따르는 선각자를 내세워 만든 정치적 도구였다. 그리하여 정신적으로 나약하고 순진무구한 대중들에게 '도 아니면 모'라는 식으로 가르쳐 인간 스스로 한계를 가지게끔 한다. 그래서 부가 가지는 긍정적인 측면까지 깎아 내린다. 한계로 시작된 시각이 부를 한정된 것으로 바라보게 만드는 것이다.

하지만 이것은 잘못된 생각이다. 부는 가치를 측정하는 에너지다. 에너지는 당신이 원하는 만큼 존재한다. 부가 한정된 것이라고 생각하는 것은 부의 에너지를 쫓아버리는 것과 같다. 에너지는 파장을 가지고 있어서 당신이 어떤 마음을 먹느냐에 따라 자유자재로 그 파장의 형태가 변한다. 부정의 에너지는 부정의 파장을 끌어당긴다. 그렇게 되면 부의 이치에 대한 어떠한 말을 들어도 받아들일 수가 없다.

결국 부의 부정적인 면만 바라보는 습관이 생기고, 돈은 악의 근원이라 규정짓는다. 종교의 부정확한 메시지 전달이 사람들의 의식을 지배하고 있다고 해도 과언이 아니다. 오해하지 말기 바란다. 현재 전 세계에 퍼져 있는 많은 종교의 건전함을 욕하기 위함이 아니다. 그 근본을 제대로 알고 가자는 의미다.

《부의 지혜》 저자 오리슨 마든은 자신의 책에서 이렇게 얘기한다.

"오감을 통해 깨달을 수 없는 현실을 사람들에게 이해시키는 것만큼 이 세상에 어려운 것은 없다. 눈에 보이는 것만을 추종하는 사람들에게 인생의 성공을 부르는 비밀을 알려줘도 소용이 없다. 여기에 많은 사람들이 가난과 역경 등의 고뇌를 극복하지 못하는 원인이 있다. 그들은 물질의 세계를 보는 것은 불가능하다. 마음의 창조 작용은 그곳에서부터 시작된다. 사람이 창조한 보이지 않는 세계는 모두가 마음의 눈에서 출발한다는 것을 그들은 모른다. 원하는 것을 구체적으로 연상하는 비주얼라이제이션(visualization 심상, 생생하게 마음속에 그림)의 힘으로 보이지 않는 세계에서 원하는 것을 끄집어내 눈에 보이는 현실로 가능하게 할 수 있다는 것을 그들은 모른다."

그렇다! 부는 보이지 않는 가치를 창조하는 것이다. 부는 에너지요, 이는 당신이 그것을 얼마든지 통제할 수 있다는 소리다. 몇 년 전부터 열풍처럼 불고 있는 시크릿 이론도 이 내용을 그대로 대변한다. '비밀'이라는 말 자체가 추상적 의미를 내포하고 있기 때문에 시크릿을 신비주의, 추상적인 것으로 오인하기 쉽지만 이는 부자들만이 아는 진리다. 하지만 당신의 마음속에 부는 악에서 비롯되며, 부는 한정돼 있다고 규정짓는 순간 이 모든 것은 물거품이 되고 만다.

시크릿 이론이 나왔으니 좀더 자세히 집고 넘어가자. 전기 공학자이자 사업가인 콜리 크리처는 《일렉트릭 리빙》에서 에너지의 개념을 송곳처럼 자세히 설명하고 있다. 다음은 콜리 크리처의 설명이다.

우리는 중학교 때 이미 원소라는 개념을 배웠다. 원소는 원자로 구성되며 원자는 3가지 성분의 합으로 나뉜다. 그 성분이란 양성자, 중성자, 전자다. 원소가 서로 차별화된 이유는 원자 속에 들어 있는 아원자(양성자) 입자의 개수 때문이다. 수소 원자에는 1개의 양성자가, 산소 원자에는 8개의 양성자가 들어 있다. 즉, 모든 물질은 나누고 나누면 하나의 성분으로 구성되어 있다는 것을 의미한다.

그리고 이것을 더 분해해 들어가면 '파동성'을 지닌 똑같은 성질의 미립자만 남는다. 이것이 바로 동양철학에서 말하는 '기'이며 에너지다. 에너지의 일종인 빛도 광자라는 입자로 이루어져 있으며 파동성을 지닌다. 결국에 에너지는 이 세상에 존재하는 모든 것의 근본이라고 해도 무방하다.

세상의 근본 이치를 논하는 이것이 바로 양자물리학이다. 물질의 행동, 그리고 물질과 에너지의 상호작용을 원자와 아원자 입자의 수준에서 설명하는 과학 이론이다. 이 법칙을 이해하는 데 가장 걸림돌이 되는 것은 사람들이 거시적이고 물리적인 세계에서 사물의 현상을 보기 때문이다. 바꾸어 말하면 유인력으로 통칭되는 시크릿 법칙을 알고서도 부자가 되지 못하는 이유는 눈에 보이는 것만 믿으려 하기 때문이다.

상대성이론의 선구자 아인슈타인도 '생각은 에너지요, 부도 에너지'라고 언급했다. 어떤 생각으로 세상을 받아들이냐에 따라 부와 가난이 갈린다는 얘기다. 때문에 부를 밀어내는 생각을 할 하등의 이유가 없다. 부를 원하고 부를 갈망하고 부를 찬양하라. 그러면 생각이 보내는 파장을 따라 부가 몰려들 것이다. 이는 '돈을 벌어 성공하는 것이 아니라 성공을 해서 돈을 끌어 들인다'는 말과 일맥상통한다. 다시 한 번 말하지만 부는 무한한 것이며 당신의 생각에 따라 창조된다는 것을 기억하라.

사람은 가난에서 벗어나는 순간 많은 선택권이 생긴다. 시간의 여유도 생기며 세상을 좀더 아름답게 보는 눈이 생긴다. 타인을 존중하게 되고 나 스스로를 사랑하게 된다. 그런 사람이 범죄를 저질렀다는 소리는 어디에서도 들어본 적이 없다.

앞서 본 바와 같이 돈으로 대변되는 '부'는 이 세상을 이루는 풍족한 에너지요 사랑이다. 에너지는 동일 에너지끼리 끌어당기는 성격이 있다. 부와 부자들에 대해 마음을 닫고 부정적으로 보면 당연히 부는 멀어질 수밖에 없다. 이것은 마치 서로 다른 극을 가진 자석과 같다. 부를 부정적으로 바라보면 다가갈수록 자꾸만 달아난다. 그리고 바로 곁에 있는 부의 에너지도 감지할 수 없는 지경에 이른다.

부자가 되고 싶다면 '돈은 악'이라고 말하는 사람부터 멀리하라. 그리고 돈이 보내는 긍정적 신호에 당신의 모든 주파수를 집중해야 한다. 부는 '에너지 주파수' 성격을 띠기 때문에 그 주파수에 채널을 맞추면 당신에게로 흘러들게 되어 있다. 긍정적인 마음으로 보이지 않는 가치에 눈을 돌리는 순간 무한한 부의 금맥을 발견할 수 있다.

학벌이 아니라
특별한 지식이 돈이다

정규교육이 생계를 유지하게 해준다면,
독학은 당신을 부자로 만들어줄 것이다.

-짐론

스티브 잡스, 빌 게이츠, 마크 저커버그. 세 사람의 공통점이 무엇일
까? 세계 최고의 억만장자? IT계의 거물? 미국 사람? 그것 말고 의외의
공통점이 있다. 세 사람은 모두 대학교 중퇴자다. 그리고 이상주의자들
이다.

세상에 큰 울림을 주고 간 스티브 잡스, 그는 리드대학교 중퇴로 학력
도 그리 변변치 못했고, 몇 개월 안 되는 학창시절 역시 빈둥빈둥 놀면서
지냈다고 한다. 두 말 할 나위 없는 세계 최고의 갑부 빌 게이츠와 마크
저커버그는 최고의 명문대, 하버드대학교 입학생이었다. 두 사람 다, 학
교가 아닌 전혀 다른 곳에서 가능성을 찾고 과감히 학교를 뛰쳐나와 거
물이 되었다. 빌은 타고난 마케팅 천재였고, 마크는 여자친구에게 차인

분풀이로 만든 게임을 소셜네트워크로 사업화시키면서 페이스북을 탄생시켰다.

이 위대한 인물들에게 학위는 종이쪼가리에 불과했던 것이다. 나는 우리나라가 왜 이렇게 학벌을 좋아하게 됐는지 이해할 수가 없다. 기하급수적으로 벌어 부자가 된 이들은 말한다. 학벌은 동창회 할 때나 필요한 것이지 부자가 되는 데 아무런 도움이 되질 않는다고. 더 은밀히 말하자면 학벌은 현대판 계급사회가 만들어놓은 일종의 꼬리표에 불과할 뿐이다.

국제재능경쟁력지수GTCI 연구담당 폴 에번스 인시아드대 교수는 2015년 〈매일경제〉와의 인터뷰에서 이렇게 말했다.

"한국이 지식 기반의 경제에서 약한 이유는 개개인으로 보면 우수한 인적 자원을 가지고 있더라도 집단적으로 보면 다양성이 부족하기 때문이다. 단일성, 성공에 이르는 한 가지 길이 한국의 인재 양성을 막는다. 모든 사람이 SKY 대학에 들어가기를 원한다. 한국은 인생의 성공에 이르는 길이 하나만이 아니라는 점을 보다 많은 사람이 알아야 한다. (중략) 한국의 교육열은 알다시피 빈곤에서 탈출해 지금의 선진국 반열에 오르게 한 가장 큰 무기였다. 그러나 요즘처럼 빨리 변하는 사회에선 과거의 성공은 미래의 성공을 이끌지 못한다."

이 기사는 성공의 핵심을 제대로 짚어내고 있다. 성공하는 방법은 수만 가지다. 그러나 우리나라는 오로지 좋은 대학교 나와서 좋은 직장이라는 패턴의 '가난한 사고'가 깊숙이 뿌리박혀 있다. 한국전쟁 이후 극빈국 국가였다가 잘살게 되었지만 다양성을 잃어버린 듯하다. 더군다나 '학벌은 성공'이라는 이상한 공식이 성립되어 그것을 보고 자란 우리의 부모, 특히 어머니들의 치맛바람은 세계 최강이다. 역사 속에서 굳혀진 관념이라 누구를 탓할 수는 없다.

더 이상 '한강의 기적'이라는 추억에 머물러 있어서는 안 된다. 지금은 오히려 그게 독이 되고 있다. 공공의식은 약해지고, 오로지 경쟁하는 것이 미덕이 돼버렸다. 앞으로는 상식을 완전히 뒤집는 사람만이 세상을 이끌 수 있다. 기억하라. 학벌은 당신이 부자가 되는 데 아무런 도움을 주지 못한다. 이제 좋은 대학 나온 후, 좋은 직장에 취직해야 부자가 된다는 착각은 하지 말기 바란다.

부자들이 좋은 학교에 가는 이유는 좋은 인맥을 쌓기 위해서다. 학벌이 부를 가져다준다고 생각해서가 아니다. 그것보다는 특별한 지식이 돈을 끌어당기고, 불려준다고 확신하고 있다. 이 정도는 조금만 생각해보면 사례를 얼마든지 찾을 수 있다. 하지만 나는 그런 이치보단 부자들의 특별한 지식의 출처가 궁금해졌다. 그렇다! 평범한 사람들은 그 출처를 알아야 그들을 따라잡을 수가 있다.

부자들은 IQ에 현혹되지 않는다. 대신 생각하는 능력에 찬사를 보낸다. 그들은 세상을 변화시킨 모든 것들이 깊은 고뇌와 생각 속에서 비롯됨을 알고 있다. 그래서 세상을 바꿀 아이디어의 밑거름이 되는 특별한 지식을 쌓으려고 온 정신을 쏟고 있는 것이다. 특별한 지식은 학교교육으로 얻어지는 것이 아니다. 경험과 지혜가 곁들여질 때 생겨난다. 부자들이 지혜를 쫓는 이유가 여기에 있다.

부자들은 부를 쌓아가는 과정에서 자신들만의 노하우와 경험을 십분 활용한다. 오로지 '목표'를 이루는 것이 목적이라 법적으로 문제가 되지 않는 한 수단과 방법을 가리지 않는다. 이런 과정 속에서 특별한 노하우가 쌓이게 되는데 그들은 이를 두고 '특별한 지식'이라 부른다.

또한 부자들은 운이 좋은 사람처럼 보인다. 그것은 그들이 운은 기다리는 것이 아니라 만드는 것이라 생각하기 때문이다. 이 또한 부자들만 아는 특별한 지식이다.

대한민국 11월이 되면 전 세계에 없는 진기한 풍경이 펼쳐진다. 고3 엄마들이 교회나 절로 몰려가 기도를 올린다.

"제발 내 아이가 좋은 대학교 들어가고, 좋은 직장 들어가서 돈 많이 벌게 해주세요!"

자세히 보자. 이 말은 앞뒤가 맞지 않는다. 돈은 한계가 없을 때 큰돈이 된다. 그러나 학교와 직장이라는 한계 속으로 밀어 넣으면서 돈은 많이 벌게 해달란다. 뭐 그럴 수도 있겠다. 세상을 둘러봐도 좋은 대학 나온 사람들이 좋은 직장에서 좋은 자리에 앉아있으니 말이다.

하지만 대한민국 재계 1, 2위를 자랑하는 현대그룹, 고 정주영 명예회장의 학력은 초등학교가 고작이었다. 전 세계를 놀라게 하며 아시아 최대 거부로 떠오른 마윈도 3수를 하며 변변치 못한 대학을 나온 사람이고, 인류사에 자본주의가 시작된 이후 가장 많은 돈을 벌었던 존 록펠러와 데일 카네기도 변변치 않은 학력의 소유자들이다. 심지어 데일 카네기는 초등학교도 겨우 졸업했다.

2014년 글로벌 부호리서치회사인 웰스엑스Wealth X가 조사한 바에 따르면 미국 동부 명문 사립대를 졸업한 부호들은 3.5%밖에 되지 않으며, 전체 65%가 자수성가형이었다. 13.6%는 아예 대학 문턱에도 가보지 못한 사람들이다. 정작 좋은 대학을 나온 사람들은 대부분 그보다 안 좋은 학벌을 가진 사람의 직원으로 고용되는 경우가 비일비재하다. 이제 좋은 대학 나와야 큰 사람이 될 거란 생각은 버리는 게 좋을 듯하다.

언제부턴가 생겨난 '스펙'이란 말도 교육지상주의를 만드는 데 한몫하고 있다. 스펙의 또 다른 이름은 '증'이다. 학위도 증의 일종이다. 그 외에 정부나 지배층이 충직한 근로자를 만들기 위한 목적으로 개발해놓은 자격증이 수십 수백 가지에 이른다. 이 허울뿐인 증을 위해 대학교도 모자라 수많은 교육기관이 새로 생겨난다.

뿐만 아니라 요즘은 '멀티태스킹'이란 말도 유행처럼 번진다. 다양한 일의 업무처리를 할 수 있는 사람이 각광(?)을 받는다. '슈퍼직장인'을 바라는 사회 풍조가 생기고 있다. 사실 똑같은 월급을 주고도 더 많이 부려먹기 위한 속셈이다. 이러한 이유도 자격증과 스펙, 쓸데없는 교육을 신봉하게 만든다. 점점 당신의 관념을 물들이는 것이다.

좋은 대학과 자격증에 대한 강박증은 우리의 삶을 더욱 가난하게 만들 뿐이다. 정규교육을 부정하고 대학을 뛰쳐나온 스티브 잡스. 그는 항상 인문학을 중요시했고 보이지 않는 가치를 쫓는 이상가였다. 부자가 되고 싶다면 이론적 지식 교육에 얽매이지 말라. 역사와 인문학, 즉 사람의 이야기를 통해 얻는 특별한 지식에 초점을 맞춰야 할 것이다. 이 사실 하나만 기억하자. 부자란 특별한 지식을 쌓고 그것을 팔아 부를 창출한 사람들이다.

03

목표를 위해 일하고, 좋아하는 일만 한다

좋아하는 일을 찾으라.
그러면 당신은 평생 단 하루도 일을 할 필요가 없다.

- 하비 매카이

"그만두면 뭐하실 생각이세요?"

"저는 제가 좋아하는 일을 하며 나답게 살고 싶습니다."

"좋아하는 일을 하는 사람은 축복을 받은 거죠. 그래도 석풍 씨에

게 현재는 안정이 우선입니다. 현실적으로 생각하세요."

직장에 다닐 때 상사가 내게 말했다. 순간 도대체 뭐가 현실인지 혼란

스러웠다. 나답게 사는 게 현실적인가, 아니면 나의 꿈을 뒤로 미루고

누군가의 꿈을 위해 사는 것이 현실적인가? 그리고 축복이라는 걸 알면

서 왜 상사는 좋아하지 않는 일을 하고 있는 거지? 왜 직장이 안정을 준

다고 생각하는 걸까?

먼저 삶의 의미를 한 번 생각해보자. 당신은 좋아하는 것을 즐기려고 태어났는가, 싫어하는 일을 마지못해 하려고 태어났는가? 이것이 포인트다. 부자들은 좋아하는 일에만 몰두하려 한다. 그들은 싫어하는 일로 한 번뿐인 인생의 천금 같은 시간을 낭비하는 걸 극도로 싫어한다. 더불어 좋아하는 일을 하며, 명확한 목표를 가지고 매진하면 돈은 알아서 따라온다는 진리를 알고 있다. 그들은 좋아하는 일을 통해, 시간을 어떻게 돈으로 바꾸는지 알고 있는 사람들이다.

배가 먼 바다를 항해할 때 길을 잃지 않는 것은 등대라는 목표가 있기 때문이다. 우리의 삶에도 뚜렷한 목표가 생기게 되면 흔들리는 법이 없다. 더불어 추진력까지 생긴다. 대개는 명확하고 뚜렷한 목표가 없기 때문에 자신이 무엇을 하며 살아야 하는지 몰라 흔들린다. 그래서 두루뭉술하게 남들만큼만 산다. 남들의 '감언이설'에도 쉽게 휩쓸리게 된다. 그런 이들은 명확한 꿈도 없고 적당히 풍류나 즐기면서 사는 것을 인생 최고의 낙으로 안다.

세상엔 인간으로 태어났으면 반드시 누려야 하는 것들이 너무나 많다. 그런 것들을 극히 일부만 경험하면서 살기엔 인생이 너무 아깝다. 우물 안 개구리로 살다 보면 자기가 아는 게 세상의 전부라 여기기 때문에 자기성찰을 제대로 할 시간도 가지지 못한다. 본디 우리의 영혼은 갇혀 있는 것을 싫어한다. 더 많은 것을 체험하고 싶어한다.

이것이 의미하는 바는 무엇일까? 무언가의 관념에 갇혀 산다는 건 당신 인생에 대한 '직무유기'를 하고 있다는 말이다. 스스로의 인생을 저주

하는 꼴이다. 그래서 자존감을 찾지 못하고 무기력하게 사는 것만큼 불행한 인생도 없다.

그러나 누구든 방법은 있다. 방법만 알면 인생을 쉽게 바꿀 수 있다. 첫째 원대한 꿈을 가지는 것이다. 빅 피처다. 빅 피처를 명확하고 구체적으로 그릴 수 있어야 한다. 그래야 누가 봐도 뚜렷하고 경이로운 그림을 완성시킬 수 있다. 우리는 그것을 성공이라고 부른다. 성공이라는 의미야 가져다 붙이기 나름이겠지만, 누구나 부러워하는 바로 그것이다.

둘째, 깨어 있는 의식이 필요하다. 인생을 살다 보면 수만 갈래의 갈림길과 선택의 순간을 직면하게 된다. 그 순간에 탁월한 선택을 하게 만들어주는 것, 그것이 바로 당신의 의식이다. 의식에 찬 영혼은 자신이 무엇을 좋아하는지 명확히 알고 있다. 그래서 엄한 일로 인생을 허비하는 걸 막아준다. 큰 부자는 이러한 통찰력을 가진 사람이다. 그래서 그들은 목표를 위해서 일하고 좋아하는 일만 집중한다.

나는 어릴 때 무언가 조립하는 걸 좋아했다. 손에 잡았다 하면 밥 먹을 시간이 되도 그것만 몰두하고 있었다. 수많은 부품들을 하나하나 조립하고, 제일 마지막 부속품까지 맞춰 끼우면 1차원적인 형태의 멋진 모델이 완성된다. 거기에 스티커를 멋지게 전사하거나 에나멜 물감을 사서 색을 칠한다. 온 정신을 집중해야 한다. 잠시라도 정신을 놓으면 스티커가 삐뚤게 붙거나, 엉뚱한 곳에 색을 칠하게 된다.

부자로 가는 과정도 이와 같다. 산재해 있는 아이디어를 모아서 결합을 시키고 시스템의 뼈대를 만든다. 그리고 그 뼈대를 조금씩 채워간다.

이때의 집중력은 상상을 초월한다. 몰입이다. 뿐만 아니라 부의 시스템을 만들어갈 때는 엄청난 시너지들이 동시에 일어난다. 하루하루 진일보하는 삶을 진정으로 즐기며 부를 키워간다. 부자는 이렇게 탄생한다.

칭찬은 고래를 춤추게 한다는 말이 있다. 그러나 진짜로 고래를 춤추게 하는 건 자신이 좋아하는 먹이로 가득 찬 '황금어장'을 향해 헤엄쳐가는 여정이다. 하지만 대부분의 우리들은 뚜렷한 목표도 없고 진정 이루고자 하는 것도 없다. 대개는 정해진 룰과 규칙에 의해, 뚜렷한 의지도 없이, 남들처럼 살아간다. 12년 동안 학교에 다니고, 그 다음은 대학교를 가고 그 다음은 치열하게 직장에 들어가려고 고군분투 한다. 그것도 모자라 대학원까지 가는 사람도 있다. 잘돼봐야 교수다. 존경은 받을지언정 부자는 되지 못한다.

부자들은 아침에 일어나는 것이 즐겁다고 말한다. 출근하기 싫어 5분만을 외치는 직장인들은 이해하기 힘든 현상이다. 좋아하는 일을 하니 당연히 아침이 기다려질 수밖에 없다. 그리고 자신만의 목표를 위한 성취감으로 일하니 일이 좋을 수밖에 없다. 그래서 하루하루를 즐거움으로 살아간다. 매일 새롭게 변하니 얼마나 신나는 일이겠는가!

나는 책 쓰는 일이 즐겁다. 책을 쓰면 시간 가는 줄 모른다. 몰입도가 높아지니 밥을 먹을 때도, 회사에서 일을 할 때도, 운전을 할 때도, 머리를 감을 때도 아이디어가 막 스친다. 나는 메모에 미친 메모광인데, 머리에서 떠오르는 생각을 무조건 기록한다. 메모지에 쓰든 휴대전화 카메라로 찍든 어떻게든 기록한다. 휘발유처럼 사라지는 아이디어를 잡으려고 최대한 노력한다. 원하는 목표를 위한 일이니 이런 과정이 마냥 즐겁다.

부자들은 명확한 목표를 가지고 자기가 좋아하는 일만 하기 때문에 잠시라도 어영부영할 시간이 없다. 심지어 화장실 가는 시간조차 아까워한다. 빌 게이츠도 머리 감는 시간이 제일 화가 난다고 했는데 이제야 나도 그 기분을 알 것 같다.

여기서 명심할 점은 일이라고 생각되는 것은 좋아하는 게 아니라는 것이다. 돈을 벌 목적으로 일을 하는 것은 목적을 위한 것이지 좋아서 하는 일이 아니다. 그들은 돈이라는 '목적'이 있어 무조건 열심히 일하면 행복할 것이라는 잘못된 생각을 가지고 있다.

우리는 목표와 목적을 구분할 줄 알아야 한다. 목표는 추진력을 주지만 목적은 에너지를 낭비시킨다. 영화배우이자 정치가로 유명한 아놀드 슈왈제네거는 이런 말을 남겼다.

"나는 목표를 세운 다음 이를 머릿속에 구체적으로 그려본다. 그 목표에 대한 갈망은 추진력이 된다. 그렇게 갈망하는 비전을 떠올려보는 일은 내게 즐거움을 준다. 목표를 실현하기 위한 추진력으로 갈망을 품는다."

지적에 여류시인을 꿈꾸며 더 큰 인생의 무대를 준비하고 있는 청춘이 있다. 그녀는 어려운 가정환경, 그리고 장녀라는 중책에 대학을 졸업하기도 전에 백화점에 취직을 했다. 거기서 근면과 성실, 부지런함으로 최연소 부매니저가 되었다. 하지만 그녀의 꿈은 작가가 되는 것이었기에 꿈을 포기하지 않고 자신의 삶에 최선을 다하며 살았다. 그런 노력들은 준비된 자에게는 반드시 기회가 온다는 걸 가르쳐주었다.

백화점을 나와서도 바로 취직을 하여 꿈을 향해나갔다. 그 과정들이 힘들었지만 아무리 힘들어도 책을 손에 놓지 않았다. 그 노력이 하늘에 통한 것일까? 우연한 계기로 자신이 그렇게 열망하던 책을 쓸 수 있는 곳, 자신의 꿈을 펼칠 수 있는 곳을 발견한 것이다. 그 즉시 과거를 정리하고 새로운 곳에서 즐겁게 일하며 꿈을 향해 걸음을 내딛고 있다.

그녀는 단 한 순간도 목표에서 눈을 떼지 않았다. 그리고 자신이 좋아하는 일에 대한 관심도 늦추지 않았다. 그러자 스스로의 목표를 향해 나아갈 수 있는 곳에서 자신이 좋아하는 일을 하며 살 수 있게 되었다고 한다. 그녀는 '김나리'라는 자신의 이름을 건 여류시인이 되는 것이 목표다. 어떠한 시련이 와도 포기하지 않고 목표를 향해가는 그녀의 발걸음을 보며 나는 그 꿈이 이루어질 것이라 확신한다.

부자가 되고 싶다면 큰 태풍이 와도 쓰러지지 않을 목표라는 등대와 옆에서 굿을 해도 모를 정도로 즐기며 몰입할 수 있는 일을 찾으면 된다. 그러면 대번에 당신은 삶을 더 좋은 방향으로 개선시킬 수 있다. 그런 일련의 과정들이 모여 당신도 모르는 사이 부가 축적되기 시작한다. 목표를 위해 일하고 좋아하는 일을 하는 것! 부자가 되는 방법은 의외로 간단하다.

04

보이지 않는
가치를 찾는다

원하는 만큼 돈이 없다면,
당신은 무언가를 모르고 있는 것이다.
- 데이비드 우드

세상에서 가장 짧은 시간에 가장 많은 돈을 버는 사람은 워런 버핏이다. 그와의 점심 한 끼는 수십억 원에 달한다. 누가, 왜 그런 돈을 지불하면서 점심을 먹는 것일까? 이는 보이지 않는 가치를 아는 자와 그 가치를 파는 자의 거래다. 그 돈이면 죽을 때까지 비싼 점심을 먹고도 남을 텐데 말이다.

브라이언 트레이시. 그는 다른 사람의 성공을 돕는 성공학 강의로 유명한데, 1회 강연료가 우리 돈 8억 원에 달한다. 남녀노소 지위고하를 막론하고 기꺼이 거금을 지불하고 그의 강의를 듣는다. 여기에는 보이지 않는 가치라는 엄청난 비밀이 숨어 있다. 보이지 않는 가치에 대해서 깊게 생각해보지 않은 사람에게는 이해할 수 없는 일이다. 하지만 부자들은 다른 사람의 성공을 위해 자신의 지식과 경험을 전해주고, 그에 대한 대가로 돈을 받는다.

얼마 전에 있었던 일이다. 내가 자주 가는 부자 모임에서 오피스텔 사업으로 큰돈을 번 30대 청년 사업가를 만났다. 그는 아주 젊은 나이부터 부모의 영향을 받아 부동산에 뛰어들었다고 한다. 그리하여 또래에 비해서는 큰 성공을 거두고 직원을 30명 가까이 거느린 CEO가 되었다. 하지만 사업 확장에 한계를 느낀 그는 더 성공한 사람들의 노하우를 배우기 위해 수천 만 원의 강연료를 지불했다고 한다.

최종적으로 그는 마음에 드는 멘토를 만나 2,000만 원에 달하는 수강료를 일시불로 지불하고 지금 또 다른 배움을 준비하고 있다. 가난한 사람들은 보이는 것을 믿으려고 한다. 하지만 부자들은 자신이 믿는 것이 보인다고 생각한다. 이 사람도 그 멘토에게서 배움의 가치를 보았기에 수천 만 원의 돈은 지불한 것이다.

부자들이 보이지 않는 가치를 쫓는 이유는 인간의 욕구와 직결된다. 인간에게 있어 자아실현 말고 가장 큰 욕구는 무엇일까? 그것은 지혜에 대한 욕구다. 부를 이루고 삶이 풍요로워질수록 이 욕구는 더 강해진다. 지혜는 보이지 않는 가치를 보는 눈을 만들어주기 때문이다.

인류의 역사는 보이지 않는 가치의 발견을 따라 발전해왔다. 과거 100년 사이 폭발적인 성장한 이유도 인류가 보이지 않는 가치에 눈을 뜨면서부터다. 부의 역사도 마찬가지다. 숱한 시행착오를 거치며 보이지 않는 가치의 발견과 함께 성장해온 것이다.

과거에 이러한 이치는 지배층들만의 소유였다. 백성들은 글을 모르니 부와 지혜에 대한 의식의 공유도 쉽지 않았다. 하지만 지혜를 탐구하고 그것을 따라가면서 수많은 문명의 이기들이 생겨나고 현재의 세상을 만들었다. 이러한 이치를 과거에는 극소수의 사람만 공유했다. 활자본이 생겨 책이 보급되고, 후에 컴퓨터와 인터넷이 생겨나면서 이제는 세상이 돌아가는 이치를 누구나 공유할 수 있는 시대가 되었다.

그러한 연유로 더 많은 부자들과 철학자들이 생겨났다. 이것이 시사하는 바는 무엇일까? 냉정하게 말하면 이러한 시대를 살면서 보이지 않는 가치의 중요성을 알지 못하고 불나방처럼 맹목적으로 사는 것만큼 어리석은 일도 없다. 이끄는 삶이 아닌 끌려가는 삶을 사는 잉여인생이란 소리다.

2000년, 새로운 투자처를 물색하던 손정의는 제리 양에게 마윈을 소개받는다. 마윈은 손정의 회장을 만난 자리에서 바로 알리바바에 투자를 요청한다. 중국의 소상공인들을 전 세계 소비자들과 연결하는 전자상거래 사이트를 만들겠다는 포부를 밝혔다. 또한 그는 교사 시절에 익힌 뛰어난 언변으로 자신이 그리는 미래와 야망을 칼날처럼 제시했다. 만난 지 6분 만에 손정의는 20억 엔(200억 원)을 투자하기로 결심한다. 마윈이 제안한 금액은 2억 엔이었지만 손정의는 사업을 하는 데 돈이 걸림돌이 되서는 안 된다며 20억 엔을 투자하겠다고 밝혔다고 한다.

가치 있는 삶을 살기 위해선 스스로가 그런 사람이 되어야 한다. 손정의가 마윈에게 200억 원이라는 거금을 투자한 것은 마윈이 보여준 보이지 않는 가치였다. 마윈은 스스로 가치를 지닌 사람이 됨으로써 IT 기술을 모르는 평범한 영어교사 출신이라는 자신의 아킬레스건을 과감히 날려버렸다.

따라서 현재의 알리바바를 있게 만든 건 스스로 가치를 만들 줄 아는 마윈의 포부와 그 가치를 알아본 손정의의 통찰력이 빚어낸 결과라 할 수 있다. 보이지 않는 가치가 부를 끌어들인다는 보기 좋은 예다. 부자들이 보이지 않는 가치를 쫓는 이유도 이 때문이다.

부자와 가난한 사람을 나누는 건 보이지 않는 가치를 보는 자와 그렇지 못한 자의 차이다. 앞서 밝힌 대로 보이는 가치인 '월급'을 위해서 대개의 사람들은 취직을 한다. 평범한 사람들에게는 그게 가장 안전하고 평탄한 길로 보인다. 그러나 현실은 다르다. 노후가 가까워질수록 그것이 얼마나 불안한 것인지 알게 된다. 보이지 않는 가치를 보고 기업을 세우는 사람이 있다. 그런 사람들은 자신의 삶에 충실하며 자신감 있고 자존감 있게 살아간다.

가난한 사람일수록 보이는 가치를 더 중요시한다. 분명 부자는 한정적인데 명품은 왜 그렇게 잘 팔릴까? 거짓 정보를 담은 광고에 속아 넘어가는 사람들의 허영심 때문이다. 명품을 걸치고 있으면 자신도 부자라는 착각에 빠져들고 만다. 하지만 부자처럼 보이는 것과 부자로 사는 것은 다르다. 부자는 자신이 가진 것을 과시하지 않는다. 과시하면 부작용이 더 많다는 것을 안다.

엠제이 드마코는 "부자처럼 보이는 것은 역설적으로 진짜 부를 도망

가게 한다."라고 말한다.

이 세상에는 보이는 것이 많다고 생각하는가, 아니면 보이지 않는 것이 많다고 생각하는가? 이 사실 하나만 확실히 기억하자. 이 세상에 시각으로 느낄 수 있는 것은 고작 2%밖에 되지 않는다. 그 나머지를 보이지 않는 98%가 가득 메우고 있다. 심지어 보이는 것 자체도 분해하다 보면 2%의 입자와 98%의 공空으로 구성되어 있음을 알게 된다. 이것은 명백한 사실이며 과학이다.

하지만 우리 인간은 보이는 것에 너무 익숙해져 보이지 않는 것은 아예 무시한다. 부자들은 보이는 것에 현혹되지 않으려고 노력한다. 보이지 않는 것들의 가치가 훨씬 크다는 것을 알고 있기 때문이다.

보이는 가치를 쫓는 자는 하수다. 보이는 가치를 쫓다 보면 큰 그림을 놓치게 된다. 삶의 격차가 벌어질 수밖에 없다. 하지만 보이지 않는 가치를 쫓는 당신에게 자잘한 가치들은 아무것도 아닌 게 된다. 삶의 기준이 생기는 것이다. 기준이 생기게 되면 쓸데없는 것들은 다 떨어져 나간다. 그리고 삶의 우선순위를 정할 수 있게 된다. 그것은 부자의 탄생을 알리는 신호탄이다.

사람의 운 또한 보이지 않는 가치에서 기인한다. 지인 중에 강산이 변한다는 10년 동안 간호사로 일하면서 운에 눈을 뜬 사람이 있다. 그녀는 분당서울대학교병원에서 CS 강사를 하면서 오랜 경험으로 사람의 마음가짐이 운과 직결된다는 것을 발견했다. 그 경험을 바탕으로 마음건강 관리를 통해 직원과 환자가 긍정적으로 소통할 수 있는 프로그램을 개발·운영했다.

이후 그녀는 자신의 그 경험과 깨달음을 묻어두지 않고 공저《보물지도3》을 시작으로 현재는 자신의 이름 양지숙을 걸고 '운'이라는 보이지 않는 가치의 진실을 전달하기 위해《운이 따르게 하는 습관》이라는 책을 펴냈다. 또한 좀더 많은 이들에게 영향력을 전하기 위해 교육과 지도를 하는 컨설턴트로 승승장구하고 있다. 신규 간호사들의 존경을 한 몸에 받으며 멘토로 활동했던 그녀의 미래가 그려진다. 더 많은 사람들의 마음에 운을 가져다주는 전직 백의의 천사로 말이다. 그녀의 오늘은 눈에 보이는 것보다 보이지 않는 가치인 '사람의 마음'을 존중하며 선한 영향력을 펼쳐온 결과다.

부자가 되고 싶다면 보이지 않는 가치를 보는 능력을 가져라. 물론 그것이 하루아침에 이루어지는 일은 아니다. 끊임없이 책을 읽고, 성공한 사람을 통해 배우고 연구해야 한다. 여기서도 마찬가지로 그전에 자기 자신을 찾는 과정이 필요하다. 당신이 당신다워질 때 보이지 않는 가치를 보는 눈이 생기기 시작하기 때문이다.

아이디어가 돈을 번다, 시스템을 생각하라

돈으로 아이디어를 만들어낼 수는 없다.
아이디어가 돈을 만들어낸다.

- 윌리엄 캐머런

　어느 직장엘 가든 가장 바빠 보이는 사람은 말단 사원이다. 말단 사원임에도 불구하고 바쁘게 보이지 않는다면 그 친구는 초인이다. 그 다음으로 바빠 보이는 사람은 바로 위의 직급이다. 그런데 정말 그들이 가장 바쁜 걸까? 나는 아니라고 생각한다. 바빠 보인다는 건 눈으로 볼 때만 그렇다는 얘기다.

　당신은 높은 직급으로 올라갈수록 가장 많이 하게 되는 일이 무엇이라 생각하는가? 회사의 오너들은 '생각하기'에 가장 많은 에너지를 쏟아붓는다. 아이디어가 돈을 벌어다준다는 걸 알기 때문이다. 오너들은 잠자는 시간조차 머릿속이 바쁘게 돌고 있다. 부자들도 마찬가지다. 한 가지 좋아하는 것에 꽂혀 집착으로 변하면 꿈에서까지 그 일을 생각하게 된다. 책 쓰기에 몰입하던 나도 최근에 그런 꿈을 꾼 적이 있다. 부자들이 어떻게 아이디어를 시스템으로 만들어 거부가 되었는지 살펴보자.

제프 베조스는 구시대의 산물이 되어버린 책을 온라인에 올릴 아이디어를 떠올리고 세계 최대의 온라인 마켓 아마존을 만들었다. 소프트뱅크의 대표이사로 우리에게 더 유명한 제일교포 3세 손정의. 그는 17살 때 인텔의 i8080칩을 보고 감명을 받아 컴퓨터와 인터넷 사업을 결심하고 번뜩이는 아이디어로 50년 계획을 수립하기에 이른다. 스티브 잡스는 앱을 거래할 수 있는 생태계라는 아이디어를 떠올려, 시스템을 구축하고 그것을 이용할 수 있는 단말기를 만들어 세상을 놀라게 했다. 돈을 벌어다주는 건 기막힌 아이디어와 그것을 시스템화시키는 작업이다. 수십 장의 자격증이나, 업무지식, 업무기술 따위가 아니다.

엠제이 드마코의《부의 추월차선》에 기막힌 우화가 있다.

이집트 파라오가 젊은 조카 추마와 아주르를 불러 임무를 맡겼다. 조국을 위해 기념비적 피라미드를 2개 지어 바치라는 것이었다. 각자의 피라미드가 완성되는 대로 파라오는 그 즉시 왕자의 지위를 주고, 수많은 재물과 함께 은퇴할 수 있도록 해주며, 여생을 사치스럽고 호화롭게 살게 해주겠다고 약속했다.

아주르는 즉시 일을 시작했다. 크고 무거운 돌들을 끌어다가 천천히 사각 대형을 만들기 시작했다. 몇 달이 지나자 아주르의 피라미드는 토대를 갖추었다. 하지만 추마의 피라미드가 서야 할 자리는 계속 공터 그대로 남아 있었다. 혼란스러워진 아주르는 추마의 집에 찾아갔다. 그는 헛간에서 무언가 열심히 만들고 있었다. 아주르가 끼어들었다.

"추마, 도대체 뭘 하고 있는 거야? 피라미드는 만들지도 않고 여기서 이상한 기계나 만지작거리면서 시간을 보내고 있다니!"

추마는 미소를 띠며 말했다.

"난 지금 피라미드를 만드는 중이야. 날 그냥 놔둬."

그러던 어느 날, 아주르가 무거운 돌을 피라미드 위로 끌어올리고 있는데 광장 쪽에서 갑자기 소란스러운 소리가 들려왔다. 아주르는 궁금증이 생겨 잠시 일을 멈추고 소리가 들리는 곳으로 갔다.

추마는 거대한 기계를 이용해 피라미드를 쌓기 시작하는 것을 발견한다. 기계는 큰 힘을 들이지 않고 돌을 하나씩 하나씩 가볍게 옮겼다. 믿을 수 없게, 기계는 추마의 조작 외에는 다른 어떤 노력도 필요로 하지 않았다. 아주르가 2개월에 한 일을 추마의 기계는 이틀 만에 해냈다. 40일이 지나자 추마와 추마의 기계는 아주르가 3년간 해놓은 고된 작업을 고스란히 따라잡았다.

아주르는 그대로 무너져버렸다. 아주르가 무거운 돌을 옮기느라 몇 년을 보낸 반면 추마는 그 일을 대신해줄 기계를 발명한 것이다. 추마가 기계를 이용해서 작업을 이어가는 동안 아주르는 고된 노동을 계속해나갔다. 8년이 지나 추마는 26세의 나이에 피라미드를 완성했다. 파라오는 기뻐하며 약속을 지켰다. 추마는 더 이상 일할 필요가 없었다.

생각 없이 행동부터 시작한 '일의 방식' 때문에 아주르의 인생은 고통스러워졌다. 자기 대신 일할 시스템을 고안하는 데 집중해야 할 시간마저 자기 자신에게만 집중했기 때문이다.

많은 사람들이 착각하는 것이 하나 있다. 돈이 돈을 벌어준다는 생각이다. 하지만 그 이면에는 비밀이 하나 더 있다. 그 돈을 시스템에 투자해야 한다는 것이다. 돈이 돈을 벌어다주는 곳은 언제나 정교한 시스템이 있었다.

여기서 시스템이라 함은 소비자와 어떠한 형태로든 연결되어 있는 구축망을 말한다. MS는 컴퓨터를 사용하는 사람은 누구도 거부할 수 없는 시스템망으로 돈을 번다. 애플은 세상에서 가장 진보된 애플리케이션 생태계를 구축하고 아이폰, 아이패드, 맥북 등이 이를 떠받치고 있다. 페이스북에는 수억 명의 자기 이야기를 하고 싶은 사람들이 몰려 있고, 카카오톡에는 시시때때로 누군가와 대화하고 싶은 사람이 기다리고 있다. 네이버는 수많은 사람들에게 지식 및 정보를 제공해주는 바다다.

기하급수적으로 부가 불어나는 곳에는 언제나 시스템이 있고 그 끝은 수많은 소비자와 맞닿아 있다. 돈을 투자하려면 그런 곳에 투자해야 한다. 더 중요한 한 가지는 내가 얼마만큼의 통솔권을 가질 수 있느냐다.

하지만 온전히 돈이 돈을 벌어준다는 믿음을 가진 사람들은 한 번 눈이 뒤집히면 그 시스템은 보려고도 하지 않는다. 그래서 평생 모은 재산을 고스란히 날리는 사람이 많다. 미국에서는 성공한 사업 시스템이었다가 우리나라에 와서 사기집단으로 변질돼버린 네트워크 마케팅, 일명 다단계가 이 사실을 잘 말해주고 있다. 다단계에 빠지는 사람들은 그 체계가 가지고 있는 진짜 시스템에는 관심이 없다. 소비자와 맞닿아 있는

지도 관심이 없다. 오로지 피라미드만 잘 깔면 돈이 되는 줄 안다.

우리나라에서 실패한 거의 모든 다단계 업체들은 소비자와 맞닿아 있지 않다. 소비자는 사람으로 말하면 혈관을 흐르는 피와 같다. 그룹 내에서 소비하는 행위는 별개다. 그리고 모든 다단계는 말만 '개인사업'이라고 추켜세우지, 사업을 운영하는 시스템을 쥐고 있는 사람은 아무도 없다.

그 외에도 크고 작은 많은 체인점이 존재하는데, 이 체인점들도 정작 기하급수적으로 돈을 버는 건 본사밖에 없다. 하지만 편하게(?) 돈 벌어보려는 심산에, 돈이 돈을 벌어준다는 잘못된 믿음을 가지고 수천 혹은 수억을 투자한다. 이렇게 해서 성공한 사람은 근로자로 성공한 사람의 숫자보다 적다.

돈은 부를 끌어당기는 데 밑거름으로 작용할 뿐 돈을 벌어다주지는 못한다. 세상에 큰 부를 일군 수많은 사람들 중 무일푼이었던 사람이 더 많다. 그들이 성공할 수 있었던 이유는 탁월한 아이디어와 잘 짜인 시스템을 가지고 있었고, 그것을 떠받칠 수 있는 소비자가 있었다. 최종 통솔권을 쥐고 있던 사람이 가장 큰 부자가 되었음은 물론이다.

겉으로 보이는 가치는 아이템, 성능, 외형적인 시스템이지만 보이지 않는 가치는 아이디어와 소비자와 맞닿은 시스템, 그리고 통솔권으로 모아진다. 역사 속에서 아이디어를 시스템으로 개발했던 사람들이 항상 큰돈을 벌었다. 돈은 그 중간에 발생하는 기회비용을 충당하는 도구에 불과했을 뿐이다. 핵심은 여기에 있다. 불을 지필 수 있는 연료와 도구를 착각하지 말자.

드롭박스로 유명한 드류 하우스턴은 고작 아이디어 하나만 제시하고 600만 달러의 지원을 받았다. 이후 그 돈으로 아이디어를 시스템화하여 MIT 공대 졸업 축사를 연설하는 성공자가 되었다.

인생을 바꾸고자 한다면 아이디어를 생각하고 시스템을 만들어야 한다. 생각하는 일에 몰두하라. 부자는 자신을 대신해 일할 시스템을 생각한다. 그렇지 못하면 우화 속의 아주르처럼 고통스러운 인생을 살다 생을 마감하게 될 것이다.

06
미래를 갈망하고
성취감을 위해 산다

삶은 게임이다.
그리고 이 게임에서는 돈으로 점수를 매긴다.

- 테드 터너

　미국의 경제 전문지 〈포브스〉에 따르면 2015년도 세계 부자 순위 1~3위를 빌 게이츠, 카를로스 슬림, 워런 버핏이 차지했다. 이 순위는 매년 약간의 변동이 있긴 하지만 300명 안에 속하는 사람은 거의 그대로다. 그 이유는 부자들이 부를 형성하는 작업을 쉬지 않기 때문이다.

　이미 평생 쓰고도 남을 돈을 번 부자들이 왜 계속 부를 쌓아가는 걸까? 부자에게 돈이란 더 이상 먹고살기 위한 도구가 아니다. 그들에게 부란 선택의 결과에 의해 달라지는 성적표일 뿐이다. 얼마나 큰돈을 벌었느냐에 따라 성적표가 매겨진다. 부자들은 이런 성취감을 위해 사는 것이다.

　휘트 슐츠는 돈에 대해 이렇게 이야기 한다.

"돈이란 우리 문화에서 성공의 중요한 상징이다. 성공한 사람들은 성공의 상징들에 둘러싸여 있다. 이것들은 모두 긍정적이고, 실용적이며, 힘을 실어주는, 견고한 성취의 예라고 할 수 있다."

부자들에게 부의 획득이란 더 이상 먹고사는 문제가 아닌 일종의 게임이다. 그러나 이는 평범한 사람들에게도 그대로 적용되는 논리다. 관점의 차이일 뿐 돈을 버는 행위는 똑같다. 게임 플레이어의 관점만 다르지 게임이라는 사실은 변함없다. 다만 플레이어의 입장으로 참가하느냐 말의 입장으로 참가하느냐만 다를 뿐이다.

삼삼오오 모이는 동창의 술자리에 가면 항상 나오는 말이 있다.

"내가 왕년에는 최고였어."

"그때만 해도 내가 월 수천은 벌었어!"

성취감으로 사는 부자들치고 과거에 연연하는 사람을 보지 못했다. 그러나 가난한 사람들은 현재를 살면서도 늘 과거에 발목이 묶여 있다. 이 말은 정말 중요하다. 과거에 발목이 묶여 있으니 돌이킬 수 없는 기억에만 사로잡혀 미래를 보지 못한다. 미래를 보지 못하니 한 달을 월급만 바라보며 살아간다.

정말 무서운 일이다. 한 달이 모여 1년이 되고, 1년이 모여 10년이 된다. 지나보면 순식간이다. 월급을 위해 한 달을 살다 보면 뭐하는지도 모르게 인생이 지나가버린다. 삼팔선(38세가 직장 마지노선), 사오정(45세 정년퇴직), 오륙도(56세까지 일하면 도둑놈)라는 말이 유행하는 시대에 과거에 발목 잡혀 월급만 바라보며 한 달, 한 달을 살아간다는 건 생각만 해도 끔직하다.

　미래를 갈망하며 성취감을 목표로 사는 사람과 과거를 동경하며 월급을 목표로 사는 사람은 실로 엄청난 삶의 격차가 갈린다. 행동 또한 전자는 적극적인 반면 후자는 소극적이 된다. 무언가 문제를 직면했을 때도 전자는 적극적인 해결방법을 생각하지만 후자는 우선 피하는 방법부터 찾는다.

　문제는 피하는 것이 아니라 해결하는 것이다. 잘 생각해보면 문제를 잘 해결하는 사람일수록 몸값이 높아진다. 회사를 봐도 문제를 가장 잘 해결하는 사람은 사장이다. 그래서 사장의 연봉이 제일 높은 것이다. 똑똑한 사장은 문제해결능력이 뛰어난 이가 있으면 자기보다 높은 몸값을 주고서라도 영입한다.

　인생에서의 문제는 더욱 그렇다. 인생에 무언가 문제가 들이닥쳤을 때 그것을 적극적으로 해결하는 사람은 부자일 확률이 높다. 오히려 부자는 문제해결을 즐기기도 한다. 그래서 더 높은 목표를 만들고 하나하나 문제들을 해결해나가는 것을 낙으로 여긴다. 하지만 가난한 사람은 문제를 회피할 방법만 찾고 애써 외면하려 든다. 그 선택의 결과물은 돈으로 직결된다.

　이 엄청난 차이는 어디에 관점을 두고 무엇을 목표로 사느냐에 달렸다. 성공한 부자들의 이야기를 들어보면 이 세상에 인간이 풀지 못할 문제는 거의 존재하지 않는다. '하늘이 무너져도 솟아날 구멍은 있다'고 하지 않는가. 찾지 않을 뿐이지 반드시 길이 있다고 생각하면 신神이라도 나서서 그 해답을 던져준다.

내게 장애를 안겨준 사고가 났을 때의 일이다. 거의 치료가 끝나갈 무렵 산재 보상금과 개인 보험금의 보상금 액수가 측정되었다. 큰돈은 아니지만 새롭게 출발은 할 수 있는 돈이었다. 바로 그때 정말 가까운 지인에게 사업 제의를 받았고 나는 수락했다. 동업을 하는 조건으로 내 보상금을 담보로 빚을 내 투자했다.

결론은 불과 한두 달 만에 사업 실패. 퇴원을 눈앞에 앞두고 병상 위에서 내 보상금을 고스란히 날렸다. 법적 절차도 밟으려 했지만 현실적으로 내 돈을 받을 수 있는 길이 안 보였다. 그래서 정말 독하게 밀어붙여 그 지인에게 은행 빚 갚을 정도만 받아내 빚을 정리했다. 당연히 남은 돈은 과감하게 포기했다. 그 지인과의 관계도 칼로 자르듯이 정리했다. 정신적 스트레스로 소중한 건강을 낭비하기 싫어서였다.

그러나 당장 장애인이 된 나는 직장도 잃고 보상금도 날리고 살길이 막막했다. 일자리 구하기도 쉽지 않았고 당장 거처 할 집을 구하기도 힘들었다. 사고 전에 살던 집의 짐은 퇴원을 하면서 안 쓰는 창고에 넣어두고, 병원에서 알게 된 사람 집에서 동냥 잠을 자며 생활했다.

하지만 난 거기서 꺾이지 않았다. 내게는 확고한 신념이 있었고, 이루고자 하는 명확한 목표가 있었기 때문이었다. 그러면서 생각했다. 이 시련이 더 큰 발판이 될 것이라고. 그 사건은 삶의 전환점이 되어 세상을 바라보는 시각을 완전히 바꿔어놓았다.

그때부터 과거 나를 따라다녔던 가난한 마음은 지워버리고, 부자의 마음을 채워 넣었다. 그러자 보이지 않는 손들이 나를 돕기 시작했다. 약간의 시간차는 있었지만 내가 갈망하던 일들이 그때마다 일어나 현재까지 오게 됐다. 크진 않았지만 연이은 성취감을 맛보았다. 당연히 과거를 버렸기에 가능한 일이었다.

분명히 말하지만 과거와 이별하지 않고는 그 어떤 것도 취할 수가 없다. 인간의 마음속에는 하나만 담을 수 있다. 과거를 담든지, 미래를 담든지 하나만 선택할 수 있다.

중국에 이런 속담이 있다.

"산 앞에 다다르면 반드시 길이 있게 마련이다"

그 길을 찾아 산을 넘는 자만이 빛나는 광야를 볼 수 있다. 삶은 게임이다. 과거를 동경하며 월급만 보고 살지 말라. 과거에 발목이 묶여 남들이 주는 돈만 보며 살아서는 결코 승리하는 인생을 살 수 없다. 미래를 갈망하며 성취감을 목표로 두는 자만이 승리를 쟁취할 수 있는 것이다. 이것이 인생이라는 게임의 법칙이며, 부자들의 절대원칙이다.

07

돈을 잘 써야
부자가 된다

써야 할 곳, 안 써도 좋을 곳을 분간하라.
판단이 흐리면 낭패가 따른다.

- 이건희

이 세상이 '자본주의' 사회라는 사실을 몸으로 느끼면서부터 경제에 대해 관심을 갖기 시작했다. 자본이 주가 된 세상에 '돈'을 모르면서 잘 살기를 바라는 것만큼 바보 같은 일도 없다. 그때부터 경제에 관한 책을 사서 공부하기 시작했다. 1억 모으기 비법부터 시작해서 시시콜콜한 경제지식, 자산 만들기 비법 같은 책들까지. 그러나 별다른 소용이 없었다. 대부분의 경제 서적은 조금 잘 살아보자는 사람들의 이야기지 진짜 부자들의 이야기가 아니기 때문이다. 이후 부자의 관점으로 공부를 시작하면서부터 그동안 헛공부했다는 생각이 들었다. 그런 책들엔 하나같이 초등학교 때부터 배워온 지식들이 친절하게 설명되어 있었다.

- 아껴야 잘산다.
- 쿠폰 같은 거 알뜰살뜰 모아라.
- 한 푼 두 푼 저금해라.
- 아파트부터 사라.
- 30년 장기 복리 적금에 가입해라.

그러나 이것은 부자들, 특히 기하급수적으로 돈을 번 부자들의 방법과는 전혀 다른 방법이다. 뿐만 아니라 부자가 되는 지름길을 가로막는 건 바로 저런 지식들 때문이다. 이 사실이 납득이 가지 않는 사람들도 있을 것이다. 하지만 부자의 기준에서 이는 정확한 사실이다. 큰돈을 벌기 위해선 돈을 모으는 방법이 아닌 쓰는 방법을 배워야 한다. 앞서도 언급했지만 돈을 똑똑하게 모으는 사람보다 똑똑하게 쓰는 사람이 훨씬 돈을 잘 번다.

가난한 사람은 눈앞의 목적을 위해 아껴서 돈을 모으지만 부자들은 미래의 목표를 위해 어떻게 돈을 잘 쓸지를 궁리를 한다. 써야 할 곳과 안 써도 좋을 곳을 항상 생각하고 있는 것이다. 재미있는 사실은 부자들이 돈을 흥청망청 쓸 것 같지만 전혀 그렇지 않다는 것이다. 100원짜리 한 닢도 필요 없는 물건은 절대 사지 않으며 불필요한 것에는 일절 돈을 쓰지 않는다.

내가 아는 사람 중에 류영규라는 부동산 부자가 한 명 있다. 그는 가진 것 없이 새로운 곳에서 돈을 벌어보자는 생각으로 2014년에 제주도로 내려갔다. 학벌도 변변치 않고 배운 것도 없는 그가 할 수 있는 일이라 곤 부동산으로 돈을 버는 방법밖에 없었다. 이전까지 큰돈을 벌지는 못 했지만 부동산중개소를 했던 경험에 그 재주가 제일 낫다는 판단에서였다. 하지만 컴퓨터와 인터넷도 서툴고 사무실을 차릴 돈도 없었다.

하여 무작정 부동산을 찾아가 일을 배운다는 심정으로 허리 숙여 부동산 일을 도왔다. 거기서 그는 '이건 하늘이 준 기회'라는 것을 발견하게 된다. 서울에서는 거의 전멸하다시피한 부동산 시장을 목격했기 때문이다. 그때부터 제주 현지 부동산 현황을 제대로 알기 위해 제주도를 수십 바퀴를 돌았다고 한다. 그리고 확신이 들었을 때 수중에 가진 돈은 없지만 은행 대출과 함께 돈을 긁어모아 과감하게 투자했다.

결과는 대박이었다. 몇 백 퍼센트의 수익을 거둬들였다. 뿐만 아니라 거기서 얻은 특유의 감각으로 그를 찾아오는 모든 고객들에게 기대 이상의 수익을 안겨주었다. 이유는 단순한 부동산 중개가 아닌 그 고객에게 맞는 맞춤 컨설팅이 효과를 본 것이었다. 1년이 채 지나기도 전 간판 하나 없던 사무실에 간판이 달리고 자본금의 수십 배에 달하는 돈을 벌었다. 이제 '그에게 가면 잘 된다'는 소문을 듣고 전국 각지에서 손님들이 몰려들어 문전성시를 이루고 있다.

그래서 그는 부동산 중개라는 직함에서 컨설턴트로 명함을 바꿨다. 여전히 제주를 찾는 사람들에게 자기만의 컨설팅으로 부의 지도를 그려주고 있다. 그는 말한다.

"부자가 되는 길은 하나밖에 없습니다. 돈을 잘 쓰는 사람이 부자가 됩니다. 제 주위에도 학벌 좋은 사람이 많지만 다 고만고만하게 삽니다. 하지만 부자 친구들은 전부 돈을 제대로 쓸 줄 아는 사람들이에요."

여전히 가난한 사람들은 한 푼 두 푼 아끼는 게 목표다. 물론 이것이 잘못되었다는 뜻은 아니다. 다만 부자의 관점에서 보면 마이너스일 수밖에 없다. 이런 시각은 가치를 보는 눈을 흐리게 만들기 때문이다. 부동산 부자도 비록 수중에 돈은 없었지만 그 가치를 알았기에 빚을 이용해서라도 과감히 돈을 투자한 것이다. 하지만 가난한 사람들은 거대한 가치를 보고도 몸을 낮추기 급급하다. 기회가 와도 기회를 알아채지 못한다.

가난한 마음을 가진 사람들의 가장 큰 특징은 돈을 아끼기 위해 시간을 낭비한다는 것이다. 우리는 종종 할인판매 피켓이 걸린 가게 앞에 줄을 선 사람들을 목격할 수 있다. 가난한 사람들이 돈을 아끼는 방법에 몰두하는 동안 부자들은 시간을 아끼는 방법에 몰두한다. 그래서 시간의 가치를 살 수 있는 일이라면 돈을 아끼지 않는다. 그리스의 철학자 테오프라스토스는 말했다.

"시간은 사람이 소비하고 있는 것 중에서 가장 가치 있는 것이다."

〈인타임〉이란 영화가 있다. 이 영화 속에서 인간은 태어날 때부터 일정한 타이머가 주어진다. 25세에 노화를 멈추고 팔뚝에 새겨진 '카운트바디 시계'에 1년의 유예 시간을 제공받게 된다. 그 시간은 돈 대신 쓰인다. 음식을 사고, 버스를 타고, 집세를 내는 등 삶에 필요한 모든 것을 시간으로 계산한다. 일을 해서 받는 것도 돈이 아닌 시간이다. 뿐만 아니라 부자들은 돈을 주고 시간을 사서 자신의 수명을 연장한다.

나는 이 영화를 보면서 박수를 쳤다. 현실을 적나라하게 그렸기 때문이다. 현실에서도 부자들은 돈을 주고 '시간의 가치'를 산다. 그래서 시간의 가치가 많이 담긴 것일수록 비싸게 거래된다. 어떤 것들은 돈으로 가치를 매길 수 없는 것도 존재한다.

부자가 되고 싶은가? 그렇다면 시간 가치를 보는 안목을 지녀야 한다. 그리고 그 가치를 위해서 돈을 잘 쓰는 비법을 배워라. 시간을 벌 수 있는 일, 그것이 진정한 가치다. 이 진리를 알지 못하고선 절대 기하급수적으로 돈을 벌 수 없다. 가치 있게 쓴 돈은 더 큰 가치로 돌아온다는 사실을 알아야 한다.

제3장

기하급수적으로
돈을 버는 부자들의
특별한 비결

직장생활을 거부하고
시스템을 구축한다

모든 것은 자기 자신 안에 있다.
부란 일을 하기 위한 도구이지, 그 밖의 아무 것도 아니다.

- 어느 현자

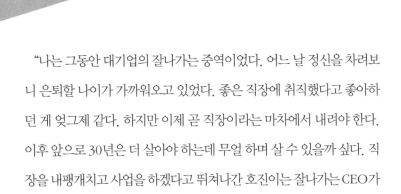

"나는 그동안 대기업의 잘나가는 중역이었다. 어느 날 정신을 차려보니 은퇴할 나이가 가까워오고 있었다. 좋은 직장에 취직했다고 좋아하던 게 엊그제 같다. 하지만 이제 곧 직장이라는 마차에서 내려야 한다. 이후 앞으로 30년은 더 살아야 하는데 무얼 하며 살 수 있을까 싶다. 직장을 내팽개치고 사업을 하겠다고 뛰쳐나간 호진이는 잘나가는 CEO가 되었다. 한때는 그를 무시했는데 이제야 그의 판단이 옳았다는 생각이 든다."

어느 대기업 간부의 명예퇴직 회고사다. 아무리 좋은 직장이라도 인생의 방어막이 될 수 없다. 더 비참한 건 사자의 등에 타고 있을 때야 세상이 자신을 우러러보는 것 같지만 등에서 내리는 순간 아무도 거들떠

보지 않는 존재가 된다. 정말 서글픈 일이 아닐 수 없다.

인생은 매우 짧으며 시한부로 주어졌다. 이런 우리에게 시간만큼 중요한 게 또 있을까? 하지만 대부분의 사람들은 일을 선택할 때 이것을 간과한다. 기하급수적으로 부를 불리고 있는 부자들은 애시 당초 업業을 선택할 때 시간의 노예로 살아야 하는 직장은 배제한다. 사업을 구상할 때도 시간이 자유롭지 않은 직장 같은 사업은 배제한다. 자신의 시간을 투자하지 않아도 부를 창출할 수 있는 것을 선택한다.

'직장인'과 '시스템을 가진 사업가', 이 두 부류의 가장 큰 차이점은 무엇일까? 첫째는 시간에 구속받느냐 그렇지 않느냐다. 전자는 시간의 노예로 사는 사람들이고, 후자는 시간을 부리는 사람들이다. 아무리 잘나가는 직장인이라도 직장에 매여 있으면 시간의 노예가 될 수밖에 없는 것이 현실이다.

두 번째로 큰 차이점은 전자는 소비자 마인드이고 후자는 생산자 마인드라는 사실이다. 직장인은 돈을 벌어서 소비하는데 초점이 맞춰져 있고 사업가는 돈을 투자해 생산하는 데 초점이 맞춰져 있다.

직장을 다닐 때는 생산자의 등에 올라타 있기 때문에 소비자란 사실을 알지 못한다. 하지만 퇴직을 하는 순간 상황은 돌변한다. 그때부터 소비에 초점이 맞춰져 빠르게 부를 소비하게 된다. 그러나 생산자의 마인드로 사는 사업가에게 나이는 아무런 걸림돌이 되지 않는다.

현재 잘나가는 출판사 대표로 있는 권동희 대표이사, 그녀는 이제 나이 33살밖에 안 된 청춘이다. 그녀가 남들보다 빠르게 생산자의 위치에 오를 수 있었던 건 직장생활을 거부했기 때문이었다. 직장을 다닐 때 또래들에 비해 일찍 승진하고, 연봉도 올랐지만 갈수록 마음은 공허해졌다. 원대한 꿈이 있었지만 직장생활은 꿈을 이루는 데 걸림돌이 된다는 생각이 들었다.

그녀의 꿈은 오프라 윈프리처럼 세계적인 동기부여가가 되는 것이다. 그때 그녀가 꿈을 이루기 위해 선택한 것은 더 넓은 세상으로 나가는 것이었다. 당장 직장을 그만두고 워킹홀리데이를 신청했다. 필리핀, 호주, 뉴질랜드 등을 다니며 세계적인 동기부여가의 필수 무기인 영어를 치열하게 공부하기 위해서였다.

귀국 후 종로 영어학원에서 대학생과 직장인들을 대상으로 영어를 통해 세상에 자신을 알리는 방법을 가르쳤다. 그러던 중에 진짜 동기부여가가 되기 위해 책을 써야겠다고 마음먹는다. 생각한 즉시 바로 책 쓰기에 돌입한 그녀는 얼마 뒤, 꿈을 꾸는 청춘들에게 자신처럼 악착같이 꿈꾸고 행동하는 드림워커가 되라는 내용의 책을 펴낸다. 그 책이 바로 《당신은 드림워커입니까》라는 책이다.

책의 반응은 예상대로 뜨거웠고 서울지방경찰청, 한국HRD교육센터, 교보문고 광화문점, 한국출판문화산업진흥원, 중·고등학교, 한국경제 TV 생방송 출연, 서울지방경찰청 독후감대회 심사위원 위촉, 롯데백화점 전국지점 순회 특강, 이화여대 등 전국을 무대로 강연과 멘토링, 코칭을 하며 역량을 키워나갔다.

이후 '드림자기계발연구소'를 세우고 1인 기업가가 되었다. 꿈을 찾지 못하는 청춘들에게 희망을 제시하는 희망 창조가가 된 것이다. 그러던 와중 함께 꿈을 이루어갈 수 있는 동반자를 만났다. 그는 그녀가 더 큰 시스템을 볼 수 있게 도와주었다. 그리고 책을 써서 자신을 세상에 알리고 꿈을 이루고 싶은 사람들을 돕기 위해 출판사를 세웠다. 현재 그녀는 '드림자기계발연구소'의 소장으로, 출판사 '위닝북스'의 대표로 더 이상 직장인이 아닌 사업가로 승승장구하고 있다.

시장의 논리로 볼 때 세상 사람들은 두 그룹으로 나뉜다. 소비자와 생산자 그룹이다. 직장인은 시간을 투자해 만든 돈으로 소비하는 데 초점이 맞춰진 소비자다. 기업가는 시간을 투자해 만든 시스템으로 돈을 벌어들이는 데 초점이 맞춰진 생산자다.

그녀의 인생을 바꾼 건 이러한 관점의 변화에서 시작됐다. 소비자에서 생산자로 이직을 한 것이다. 관점이 변하자 목표도 변했다. 직장에 다닐 때는 연봉을 올리는 게 목표였지만 기업가가 되니 시스템을 구축하는 게 목표다. TV 광고를 보며 무얼 살까 생각했지만 이제 무얼 팔 수 있을까를 먼저 생각하게 된다. 책을 사서 보는 입장이었지만 이제 책을 만들어 파는 사람이 되었다.

미국에는 컴퓨터 산업을 이끌며 세계적인 사업가들이 탄생하는 실리콘밸리Silicon Valley가 있다. 하지만 요즘은 실리콘앨리Silicon Alley란 말이 더 주목을 끈다. 실리콘앨리는 뉴욕 맨해튼을 중심으로 인터넷 콘텐츠 업체를 비롯한 각종 뉴미디어 업체가 밀집되어 인터넷 산업의 중심지로 탈바꿈하고 있는 곳이다. 더불어 회자되는 용어가 스타트업이다. 혁신적 기술과 아이디어를 보유한 창업 기업을 일컫는 용어다.

전 세계적으로 시대의 흐름이 취직就職에서 창직創職으로 넘어가고 있다. 머지않아 매스산업시대의 가치관은 몰락할 것이다. 기업들의 덩치는 작아지고 개개인의 전문성을 요하는 시대가 될 것이다. 이는 전문적인 작은 기업들이 서로 원원하며 성장하는 새로운 산업시대를 알리는 신호탄이다. 1인 기업이라도 부족한 부분은 아웃소싱을 통해 얼마든지 수급할 수 있는 시대가 되었다.

애초에 실리콘앨리에 입성하는 사람들은 취직에는 관심이 없다. 세상을 변화시킬 수 있는 시스템 창조에 포커스가 맞춰진 사람들이다. 요즘들어 부쩍 청년사업가가 많이 나오는 이유도 이런 흐름의 방증이다. 직장의 개념은 무너지고 독립적인 기업을 세우는 시대로 넘어가고 있는 것이다.

그러나 IT 강국이라 자부하는 우리나라는 정말 늦다. 교육 시스템의 문제와 정부의 규제, 제도적 인프라 부족 등의 이유가 있다. 하지만 가장 큰 문제는 여전히 사회 전반적으로 모든 시스템과 인식이 취직에 포커스가 맞춰져 있어서다. 창업이 자연스런 미국에서는 20세가 넘으면 독립한다. 그런 독립심이 스스로 기업을 세우는 자립심도 키워준다. 미국에서 가장 많은 사업가가 배출되는 이유이기도 하다.

IT 산업의 발달로 사업을 하기 훨씬 수월해졌다. 이제 누구든지 아이디어만 있으면 시스템의 틀을 짜고 인터넷 카페를 통해 부의 통로를 넓힐 수 있다. 블로그를 통해서는 많은 창업가들이 자신의 전문성을 PR하고 있다. 이런 효과는 시스템의 틀이 만들어진 후 3~6개월 정도, 하루에 한두 시간만 지속적으로 투자해도 충분하다. 약간의 인터넷 시장 법칙을 익히고 스킬만 배우면 금방 파워블로그 대열에 합류하고 카페 활성화를 시킬 수 있다. 인지도가 생기면 카페는 사람들이 모여들게 마련이고, 이것은 스스로 소비자를 모아 부를 창출하는 출입구가 된다.

사람은 거인의 어깨 위에 올라서서 세상을 볼줄 알아야 한다. 직장에 묶여 있으면 거인의 무릎 높이에 시선이 묶여 영원히 더 큰 세상을 볼 수가 없다. 이런 이치를 알기에 부자들은 시스템을 일구는 사업을 선택한다. 그것이 시간의 노예가 아닌 시간을 부리는 사람이 되는 방법이기 때문이다. 또한 빠른 속도로 부를 끌어들여 목표를 성취하는 유일한 통로가 된다.

인생은 찰라지만 생각보단 길다. 직장인으로 은퇴해서, 생각보다 긴 여생을 버틸 수 있겠는가? 직장생활을 할 것인지 사업을 할 것인지는 자신이 선택할 몫이다. 다만 하나는 기억하자. 시스템을 가진 사업가만이 시간에 자유로울 수 있다. 그들은 시간마저 생산해내는 사람이기 때문이다. 부자로 살고 싶으면 소비자가 되기 전에 먼저 생산자가 되어야 한다. 직장인이 아닌 시스템을 가진 사업가가 되어야 한다.

워런 버핏과 26억 원짜리
점심 식사를 하는 이유

인생의 가치를 모르는 사람은 인생을 낭비한다.

- 어느 현자

사람들은 누구나 부자를 부러워하고 부자가 되기 위해 노력한다. 하지만 아무나 부자가 되는 건 아니다. 부자의 감각으로 세상을 보는 사람만이 부자가 될 수 있다. 누구나 될 수 있지만 아무나 되는 것은 아니다. 부자의 감각이란 오감이 아닌 육감, 보이지 않는 가치를 볼 수 있는 안목을 말한다.

사람은 태어나 성장하면서 오감에 너무 익숙해져서 오감으로 인지하는 것들이 전부인줄 알고 산다. 그래서 오감을 넘어 그 이상을 생각하는 건 쉽지 않다. 하지만 보이지 않는 가치를 쫓는 사람들은 내외적인 훈련을 통해 특별한 안목이 발달되어 있다. 육감으로 보이지 않는 가치를 감지하고 현실로 이끌어내는 것이다.

매년 이베이에서는 흥미진진한 경매 이벤트가 열린다. 많은 이들이 알고 있는 워런 버핏과의 점심 식사 한 끼다. 매년 버핏과 3시간을 보내기 위해 수많은 부자들이 줄을 서고 있다. 지금까지 버핏과 함께 식사를 한 대부분의 부자들은 버핏과의 점심값보다 훨씬 많은 수익을 올렸다고 입을 모은다. 그래서 사람들은 많은 돈을 들여서라도 버핏과 식사를 하고 싶어하는 것이다.

뿐만 아니라 버핏과의 점심 식사 한 끼로 인생이 바뀐 인물도 있다. 2009년과 2010년 두 차례에 걸쳐 버핏을 만난 테드 웨실러는 버핏과의 식사를 하며 총 530만 달러를 기부했다. 이후 버핏은 무명의 헤지펀드 매니저였던 그를 버크셔 해서웨이 포트폴리오 매니저로 등용하여 큰 화제를 불러 모으기도 했다. 전문가들은 그를 버핏의 뒤를 이어 CIO(최고자산운용책임자)가 될 후계자 중 한 명으로 꼽기도 한다.

워런 버핏은 '오마하의 현인'이자 '가치투자'의 귀재로 불린다. 주식으로 부를 일군 인물에게 현인이란 말이 썩 어울리지는 않지만 그만큼 그의 성품과 통찰력이 뛰어나기 때문이다. 그래서 이 시대의 가장 큰 부를 이룩한 인물이 될 수 있었다.

얼마 전에 출간되어 화제가 된 《워런 버핏과의 점심식사, 가치투자자로 거듭나다》의 저자 가이 스파이어 역시 실패 끝에 2008년 워런 버핏과의 점심식사 한 끼를 하고 인생역전을 한 경험이 있다. 워런 버핏으로부터 얻은 영감과 조언을 그대로 적용하여 사업을 확장시키는 결정을 하는데 큰 도움을 얻었다고 한다.

그는 자신의 책에서 올바른 선택이 성공의 열쇠이며, 일류대학의 교육이 오히려 성공의 걸림돌이 될 수 있다고 이야기한다. 오로지 취업을 위해 입시전쟁을 하고, 취업면접을 위한 학원까지 우후죽순처럼 생겨나는 우리나라 실정으로는 납득하기 어려운 이야기다.

세상에는 보이는 가치만 쫓는 사람과 보이지 않는 가치까지 쫓는 두 부류의 사람이 있다. 당신은 어디에 속하는 사람인가? 보이지 않는 가치를 쫓기 위한 사람들의 이야기, 상식으로는 납득하기 힘든 일들이 매년 펼쳐지고 있다. 너무도 이성적으로 살아온 보통사람들은 도저히 납득할 수 없는 일이다. 하지만 이 원칙이 부자들에겐 법칙처럼 받아들여지고 있다.

미국에서는 수많은 억만장자들이 존재한다. 그중에 앤서니 라빈스, 브렌든 버처드, 잭 캔필드 등 보이지 않는 가치를 사람들에게 전하며 엄청난 부를 거둬들이는 사람들이 있다. 이들의 1회 강연료만 수천만 원에 달한다. 우리나라 실정으로는 아직 형성되기 어려운 시장이지만 미국에서는 100년 전부터 이런 문화가 뿌리내려져 있었다.

우리나라가 쇄국정책으로 세상에 문을 걸어 잠그고, 이성에 대해 공부하고 있을 때 그들은 세상에 마음을 열고 이상에 대해 공부하고 있었다. 이상이란 보이지 않는 가치와 일맥상통하는 말이다. 기하급수적으로 부자가 된 사람들은 이성이 아닌 이상으로 세상을 보는 이들이다.

인간이 가진 한계는 늘 존재하기에 자신의 한계를 무너뜨리기 위해 부자들은 배움을 갈망한다. 그것을 통해 보이지 않는 가치를 보는 안목을 키우기 위해 전 재산을 투자해서라도 배우려고 노력한다.

워런 버핏의 이벤트로 인해 보이지 않는 가치에 대한 인식이 전 세계적으로 알려졌다. 그러나 대부분의 사람들은 이 법칙을 간과하고 있다. 당신은 배움을 위해 얼마의 돈을 선뜻 내놓을 수 있겠는가?

"조금만 투자하면 훨씬 빨리 갈 수 있는데, 왜 많은 사람들이 멀리 돌아가는지 모르겠어요."

지인 중에 유능한 영어강사가 한 명 있다. 우연히 그녀와 점심식사를 하다 나눈 이야기다. 그녀는 유명한 영어학원 강사로 활동하면서도 1 : 1 컨설팅을 통해 영어를 배우고자 하는 사람들을 코칭해주고 있다. 하지만 돈을 아끼기 위해 독학을 하거나 남들 다하는 방법으로 공부하는 사람들은 실력이 일취월장하지 못한다고 한다.

나 역시 적지 않은 돈을 들여 큰 가치를 보는 안목을 배우기 위해 매일 정진하고 있다. 보이는 가치에 중점을 둘 것인가, 보이지 않는 가치에 중점을 둘 것인가? 관점의 기준을 바꾸자 현재 내 삶에는 엄청난 변화가 일어나고 있다.

얼마 전까지만 해도 당장 눈에 보이지 않는 가치를 위한 투자를 두려워했었다. 뭐 하나를 하기 위해 몇날 며칠을 고심하고 걱정에 사로 잡혀 있었다. 하지만 보이지 않는 가치를 보게 되면서 나의 삶은 완전히 달라졌다. 하루가 다르게 성장하는 삶을 살게 된 것이다. 과거 30여 년 동안 이룩한 성과보다 불과 몇 달 동안 이룩한 성과가 더 많다.

보이는 가치를 쫓는 삶을 살면 보이지 않는 가치는 모두 놓치게 된다.

하지만 보이지 않는 가치를 쫓는 삶을 살면 보이는 가치는 보너스처럼 따라온다. 큰 부자들은 이 법칙을 제대로 알고 있는 사람들이다. 또한 더 큰 안목을 위해 배움의 가치에 가격을 매기지 않는다. 그래서 3시간 남짓의 식사 한 끼를 위해 천문학적인 돈을 들여서라도 워런 버핏을 만나는 것이다.

우리가 살아가는 세상도 보이지 않는 98%와 보이는 2%로 구성되어 있다. 부자들은 사활을 걸고 보이지 않는 가치를 쫓고 있다. 하지만 대부분은 보이는 가치만 쫓기 때문에 부자가 되지 못한다. 보이지 않는 가치를 쫓을 줄 알아야 삶이 풍요로워진다. 선택은 당신의 몫이다.

03

그들이 자신의 이름으로
책을 쓰는 진짜 이유

법은 죽지만, 책은 죽지 않는다.
- 리튼

통상적으로 책은 암묵적인 전문가, 성공자의 표상이다. 기기의 발달로 누구나 글을 쓰고, SNS의 등장으로 텍스트가 난무하는 시대가 되었지만 책에는 여전히 특별한 의미가 있다.

최근에 책 쓰기 열풍이 불면서 책을 써서 신분상승을 하는 사람들이 많아졌다. 아무도 알아주지 않던 자신의 능력을 책으로 끄집어내 대중화시키는 것이다. 바로 그 순간 독자에서 저자로 신분이 변한다. 칼럼을 읽는 사람에서 기고가로 변한다. 청중에서 강연가로 변하고 방송 시청자에서 출연자로 바뀌기도 한다.

말로 떠들면 넋두리에 불과한 것이 책으로 써내면 감동이 된다. 말로 하면 듣기 싫은 설교가 되지만 책으로 써내면 공감을 불러일으킨다. 그래서일까? 이미 성공의 반열에 올랐고 사회적으로 높은 위치에 오른 사람들은 무조건 책을 쓰려고 한다. 책이 자신의 포지션을 업그레이드 해주는 가장 강력한 수단임을 알기 때문이다.

독자에서 유명인으로 탈바꿈한 얘기는 지천에 널렸다. 찰리 브라운과 스누피를 탄생시킨 작가이자 만화가인 찰스 슐츠는 어린 시절부터 만화가가 꿈이었다. 어린 시절부터 만화를 그리는 시간이 가장 행복했다. 학창시절 그는 문집에 넣을 만화를 그려 선생님에게 계속 제출했지만 한 번도 실린 적이 없었다. 또한 수많은 대학에 자신의 만화를 첨부해 원서를 넣었지만 모두 입학을 거절당했다.

마지막으로 그가 선택한 것은 출판사, 잡지사, 신문사를 돌아다니며 자신의 만화를 홍보하는 것이었다. 하지만 그것도 쉽지 않았다. 그러나 포기하지 않는 사람에게 하늘은 기회를 준다. 수백 번의 실패 끝에 〈세인 폴 파이오니어 프레스〉라는 신문에 그의 만화를 연재하게 되었다. 그것을 시작으로 전 세계 75개국, 26개 언어로 번역돼 2,600여 개의 신문과 잡지에 50년간 연재되는 대기록을 세웠다.

그러는 사이 그의 만화는 만화책으로 만들어져 팔려나갔고, TV에도 등장하면서 독자에서 저자로 거듭났다. 그리고 엄청난 부자가 되었다. 재미없는 이야기로 치부되던 그의 만화가 세계인이 좋아하는 이야기로 탈바꿈한 것이다.

부자들은 성취욕이 강하다. 이미 성공자의 반열에 올라 충분히 풍족하지만 그 성취욕은 사그라들지 않는다. 그들이 돈을 벌고자 하는 목적은 돈이 필요해서가 아니다. 자신이 원하는 목표를 달성하고자 하는 성취감이다. 하지만 책이 없다면 더 높은 목표를 성취하는 데 한계가 생긴다. 사회적으로 높은 위치에 오르고 돈도 잘 벌지만 전문가로 인정해주지 않는 것이다. 이러한 이유들로 인해 부자들은 자신의 책을 갖기를 원한다.

지인 중에 '지오아트'라는 기업을 키우고 있는 이경남 역시 그런 사람들 중에 하나다. 그녀는 이미 자신이 꿈꿔왔던 모든 것을 이루었다. 내노라하는 대기업에도 입사를 했었다. 뿐만 아니라 유년 시절부터 꿈꿔왔던 화가의 꿈도 이루었다. 또한 자신의 재능을 발전시켜 미술교육 프로그램도 만들어 그녀만의 방식으로 교육 및 진로컨설팅도 하고 있다.

현재는 "아는 만큼 보이는 것이 아니라 상상하는 만큼 보이는 것이다."라고 말하며 미술 감상과 생활미술을 통해 불안과 절망을 꿈과 희망으로 바꾸는 문화나눔 봉사활동도 꾸준히 진행하고 있다. 그리고 그런 노하우와 경험을 담아 자신의 이름 석 자를 건 책을 펴내게 된다. 그녀의 책《3분 명화 에세이》는 출간되자마자 베스트셀러에 오르는 기염을 토한다. 뿐만 아니라 출간과 동시에 학교나 공공단체에서 강연이 쇄도하기 시작했다. 책으로 확실하게 자기 홍보하고 포지션을 상승시킨 것이다. 책으로 힘을 얻은 그녀는 명화를 통해 다방면의 사람들에게 꿈을 찾아주는 힐링아트 드로잉 명상 계발가로 성공 가도를 달리고 있다.

이처럼 책은 작가의 신분상승뿐 아니라 더 큰 부를 끌어들이는 촉진제가 되기도 한다. 그래서 성공자나 부자들 사이에서 책은 더 큰 부자로 가는 필수 관문으로 꼽히고 있다. 제15~16대 국회위원을 지낸 김홍신 작가도 《인간시장》이라는 책으로 1980년대를 휘어잡았고, 무려 500만 부나 판매되어 최초의 밀리언셀러를 기록하기도 했다. 그는 이 작품으로 유명해졌고 훗날 국회의원이 되는 데도 큰 도움을 받았다.

얼마 전 신계륜 의원이 개최한 '민간저술연구지원법' 정책토론회 참석차 국회도서관에 갔었다. 거기에는 과반수가 박사나 금배지를 단 사람들이었지만 자신의 책을 쓴 사람은 몇 명 되지 않았다. 단연 발의의 중심은 학위나 배지를 단 사람이 아니라 책을 낸 사람들이었다. 나는 그것을 보며 다시금 책의 힘을 느꼈다. 책이 박사 학위보다 더 강렬하다는 것을 눈으로 확인한 순간이었다.

이미 성공했거나 풍족한 부자지만 그들이 자신의 이름으로 된 책을 쓰고자 하는 이유는 명백해졌다. 책은 사회적 위치를 높여주어 신분을 상승시키고 더 큰 성공으로 가는 디딤돌이 되며, 더 큰 부를 끌어당기는 촉진제가 된다. 뿐만 아니라 그 어떤 '증'보다 강력한 스펙이 된다.

이것이 그들이 자신의 이름으로 책을 쓰고자 하는 또 하나의 이유다. 책을 쓰면 자신의 파란만장한 인생이 역사로 남기 때문이다. 또한 후세에 남길 또 하나의 유산을 준비하는 것이기도 하다.

책을 써본 사람은 알겠지만 책을 쓰는 동안 자신의 인생이 '정리'가 된다. 책을 쓰면서 진지하게 삶을 돌아보게 되고, 좀더 알차게 미래를 설계할 수 있는 계기가 되기도 한다.

그리고 늘 지혜에 목말라 하는 성공자들은 진짜 공부를 위해 책을 쓰기도 한다. 똑같은 책을 읽어도 작가의 독서는 남다르다. 책은 한 사람의 일생이 담긴 독백이다. 그 독백 속에는 작가의 인생에서 얻은 깊은 통찰의 에너지가 담겨 있다. 일반적인 독서로 이 에너지까지 흡수하기는 힘들다. 하지만 저자로서 독서를 하면 책 속에서 꿈틀대는 에너지를 감지할 수 있다. 선각자들의 지혜를 배우며 그들이 말하고자 하는 참 진리를 그대로 받아들일 수 있게 된다.

우리에게 널리 알려진 천호식품 김영식 회장 역시 책을 써 포지션을 바꾼 사람 중에 하나다. 그는 《10미터만 더 뛰어봐》라는 책을 썼는데 그 책이 베스트셀러가 되면서 대중들에게 '정직 경영을 실천하는 천호식품'이라는 좋은 인상을 심어주었다. 그 결과 그의 사업은 날로 커져갔고 한국을 넘어 아시아 전역으로 자신의 책과 기업을 알리는 계기가 되었다.

책의 힘은 당신이 생각하는 그 이상으로 막강하다. 더 이상의 부족함이 없는 사람들도 더 큰 운명을 끌어들이기 위해 계속 책을 쓴다. 스마트폰의 등장으로 텍스트를 소비하는 사람과 생산하는 사람의 경계가 희미해지고 있다. 이런 시대에 자신의 이름으로 된 책은 엄청난 힘을 발휘하는 분신이 된다. 이제 모든 성공의 기반에 책은 필수요소가 된 것이다. 이것이 부자들이 자신의 이름으로 책을 쓰는 진짜 이유다.

04
'가난'이 아닌
'부'에 대해 고민하고 배운다

신은 우리가 부자가 되어
우리를 위해 마련해놓은 운명을 완수하기를 바란다.

- 조엘 오스틴

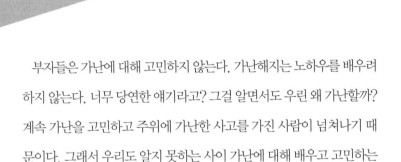

부자들은 가난에 대해 고민하지 않는다. 가난해지는 노하우를 배우려 하지 않는다. 너무 당연한 얘기라고? 그걸 알면서도 우린 왜 가난할까? 계속 가난을 고민하고 주위에 가난한 사고를 가진 사람이 넘쳐나기 때문이다. 그래서 우리도 알지 못하는 사이 가난에 대해 배우고 고민하는 습관이 생긴 것이다.

당신이 몰랐던 건 여태 느끼지 못했기 때문이다. 아는 만큼 보이는 게 세상의 진리다. 가난만 생각하고 가난만 배우니, 보이는 건 가난한 방법이요, 하는 일은 가난을 재촉하는 일이며, 늘어가는 건 돈이 아니라 빚이 된다.

부자는 자신이 신경 쓰지 않아도 자신을 위해 돈을 벌어주는 기본 시스템을 만들어두고, 그 시스템을 더 키우기 위해 계속 고민하고 부를 부르는 '지혜'를 배운다. 그러다 보니 점점 더 시스템이 커질 수밖에 없고 부는 날로 불어나는 것이다.

그러나 가난한 사람은 자신의 몸뚱이 말고는 돈을 버는 시스템이 없으니 능력과 기술력만 키우기 위해 고민하고 부와는 먼 '지식'만 계속 배운다. 그러다 보니 점점 더 시스템에서 멀어질 수밖에 없고 부는 날로 줄어들게 되는 것이다.

그래서 부자들이 어떻게 부에 대해 고민하고 배우는가를 탐구하기 이전에 짚고 넘어갈 것이 있다. 왜 가난한 고민과 가난을 배우는 환경에 살게 됐는지부터 알고 가야 제대로 고칠 수 있기 때문이다. 우선 대부분의 부모를 보라. 이제 인식이 많이 변했지만 우리나라의 '남존여비' 사상은 아직도 그대로 남아 있다. 왜 아들을 선호하는가? 그건 자식 덕 바라는 부모의 마음이 숨겨져 있기 때문이다. 또한 '치맛바람'이라 불리는 교육열도 자식 덕 보려는 부모 마음의 또 다른 표현이다.

우리와 전혀 다른 서양을 보자. 서양의 경우는 아이들이 상당히 독립심이 강하다. 우리나라처럼 대학교를 가려고 피터지게 싸우지도 않는다. 이미 18세가 되면 독립을 시킨다. 자식은 자식대로 자신의 인생을 살아갈 뿐이다.

'가족'은 정말 소중한 울타리다. 하지만 자신이 인생의 주체가 되어 독립적으로 살아가는 건 별개의 문제다. 그래서 우리나라는 유독 '캥거루족'이 많다. 이는 자식 덕 보려는 부모 마음과 독립심 없이 커버린 자식 마음이 교묘하게 어우러진 결과다. 우리나라와 서양의 문화적 견해 차이도 무시할 수는 없지만 나는 서양의 교육방식을 훨씬 지지하는 바다.

얘기가 엄한 데로로 샌 것 같은가? 아니다. 이런 이유 때문에 부모는 부모대로 자식에게 의지를 하게 되고, 자식은 머리가 다 커서까지 부모 밑에서 돈만 축내며 자존감을 점점 잃어간다. 그리하여 부모는 밖에서 풀지 못하는 자신의 자존감을 자식에게 뒤집어씌우고, 자식이 자신이 원하는 방향으로 가지 않으면 그때부터 자식을 들볶기 시작한다.

"다른 집 애들은 안 그런데 너는 왜 이 모양이냐?"

그런 부모 밑에서 자란 자식도 철부지 같은 어리광만 부리게 된다. 자식은 자식일뿐, 자식 덕 바랄 생각은 하지 마라. '잘 자라서 부모에게 효도'라는 생각이 가난을 부른다. 감히 천륜을 부정할 생각은 없다. 인간으로서 낳아주고 길러주신 부모에게 효도하는 건 마땅한 일이다. 그러나 부모는 그것을 바라지 말아야 한다. 스스로의 인생을 가난으로 내몰 뿐이다. 자식도 그것을 배워 그 길로 걸어간다.

좋은 대학 가서 '사'자 들어가는 직업을 가지라고 말하지만 그건 지배계급이 만들어놓은 시스템에 들어가 노예의 우두머리가 되라는 소리밖에 되지 않는다. 그리하여 은연중 부모에게 효도하라는 최종의 의미가 내포된다. 이건 부자의 사고와 거리가 멀다. 이런 식으로는 부모 스스로도 점점 자존감을 잃어가고, 그것을 보고 자란 자식에게도 가난의 사고가 대물림될 뿐이다. 가난한 사람일수록 자신이 아닌 외부에 의지하려는 경향이 강하다. 부모는 자식에게 바라고, 자식은 부모에게 바란다.

외부를 통해 바라는 것이 많으면 자존감은 그만큼 낮아진다.

당신이 부자가 되고 자식을 부자로 키우고 싶다면 먼저 본인의 자존감을 끌어올려야 한다. 이후에 자식도 자존감을 찾도록 이끌어주어야 한다. 그리고 서로에게 기대려 하지 말고, 자신이 주체가 된 삶의 사고와 자세를 배워야 한다. 기본은 자존감이다.

그럼 부자는 어떻게 부를 배우는지 살펴보자. 세계 최고의 거부인 빌 게이츠와 워런 버핏도 재산을 티끌만큼(그들의 재산에 비하면) 상속할 것이라고 밝힌 바 있다.

"자식들에게 무슨 일이든 할 수 있는 충분한 돈을 줄 수는 있지만 아무 일도 하지 못하도록 많은 재산을 물려주지는 않을 것이다."

모범적인 부자다운 워런 버핏의 '부의 철학'이 고스란히 묻어나온다. 자식도 자신처럼 자존감 있는 독립적인 인간으로 키우려는 마음이 담겨 있다. 그들은 자존감이 바탕이 되어 끊임없이 세상을 탐구하고 배우려 든다. 자신이 필요로 하는 분야의 책을 닥치는 대로 읽고, 현자들을 찾아가 '인생의 지혜'를 배우기를 게을리하지 않는다.

당연히 자식에게 바라는 것도 없다. 큰 사람이 되길 원하는 것은 똑같지만 그건 자식 덕을 보기 위해서가 아니다. 그저 자신처럼 자식도 자신이 주체가 된 삶을 살길 바랄 뿐이다. 그러다 보니 자식도 부모에게 기대기보단 스스로 자신의 삶을 찾으려 한다. 돈보다는 지혜를 물려준 덕분이다.

둘째, 부자는 실수를 반복하지 않는다. 남의 실수를 통해서 실수하지 않는 법을 배운다. 자신의 실수도 대수롭지 않게 생각하며, 남의 실수에 핀잔주기 바쁜 우리와는 사뭇 다르다. 다른 사람의 실수에서도 배운다는 것은 그만큼 리스크를 줄이는 방법이기도 하다. 잘못된 실수로 한 번에 끝낼 수 있는 일을 여러 번 반복하여 시간을 낭비하고 힘이 빠지는 경우가 허다하다. 그런 리스크를 줄이기 위해서 남의 실수를 통해 실수하지 않는 법을 배운다. 여기서 더 빨리 부를 이룬다.

셋째 삼고초려, 유비가 훌륭한 심복을 두기 위해 제갈량을 3번이나 찾아가 정성을 다한 것에서 유래된 말이다. 현자들은 자신보다 똑똑한 참모를 곁에 두려한다. 부자들 역시 자신보다 똑똑한 사람을 채용한다. 자신의 모자람을 채우기 위함이다. 부자들은 모자람이 드러나는 것을 두려워하지 않는다. 대신 자신의 분야에서는 독보적인 존재가 되려 한다. 하지만 하수들은 자신의 모자람을 들어나게 하는 직원을 두려워한다.

마지막으로 부자들은 끊임없이 독서를 한다. 활자 중독이다. 책뿐 아니고 신문, 일간지, 주간지, 고전까지 다독하는 경향이 강하다. 지혜를 배우기 위함도 있지만 현대의 트렌드를 배우기 위함도 있다. 그들은 또한 역사책을 항상 가까이 둔다. 부자들의 서재에는 어김없이 역사책이 꽂혀 있다.

"천년을 넘은 글에는 특히 귀중한 아이디어가 많이 숨어 있습니다."

미즈키 아키코의 《퍼스트클래스 승객은 펜을 빌리지 않는다》에 나온 어떤 경영자의 말이다. 부자들은 끊임없이 배우고, 채우며 부에 대해 고민한다. 기하급수적으로 부를 이룰 수밖에 없는 이유다. 과거 빈익빈 부익부를 외치며, 부자라는 단어에 적개심을 가졌던 내 자신을 반성한다.

부자가 되려면 부를 고민하고 부를 배워야 한다. 나는 숱한 고뇌를 하고 책을 읽고 연구를 해서 얻은 결론이지만 부자들은 직감적으로 이런 사실을 안다. 그래서 지속적으로 부에 대해 고민하고, 부자의 사고를 가진 사람들로 주위를 채우고 부를 배운다. 부자가 되고 싶거든 지금부터라도 부에 대해 고민하고, 부에 대해 배워야 할 것이다.

05
시스템과 돈나무를 키우는 교육을 받는다

교육이란 모르는 것을 가르치는 것이 아니라
사람들이 행동하지 않을 때, 행동하도록 가르치는 것이다.

- 마크 트웨인

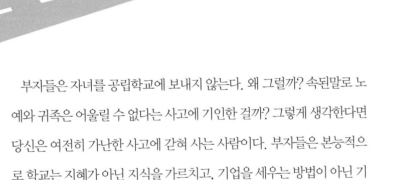

부자들은 자녀를 공립학교에 보내지 않는다. 왜 그럴까? 속된말로 노예와 귀족은 어울릴 수 없다는 사고에 기인한 걸까? 그렇게 생각한다면 당신은 여전히 가난한 사고에 갇혀 사는 사람이다. 부자들은 본능적으로 학교는 지혜가 아닌 지식을 가르치고, 기업을 세우는 방법이 아닌 기업에 들어가는 방법만 가르치며 규칙에 순응하며 사회에 복종하도록 가르치고 있다는 것을 안다. 그게 이유다.

"저는 자녀에게 돈의 가치와 흐름을 읽는 방법을 가르칩니다. 그래서 집에는 3종류의 저금통을 두고 있어요. 각각의 저금통은 그 용도가 다르답니다. 분홍색 저금통은 저축하는 저금통, 나머지 2개는 나눔을 위한 용도로 돈을 모아요. 이것은 저축의 개념을 알게 해줄 뿐만 아니라 돈을 가치 있게 쓰는 지혜도 배우게 해줍니다."

스타 자산관리사 오지혜가 밝히는 자녀 교육법이다. 그녀의 자녀교육 핵심은 저축을 통해 돈의 흐름을 알고, 돈을 가치 있게 쓰는 방법을 먼저 알게 해주려는 것이다. 이러한 사고는 장차 돈을 만들어내는 돈나무의 기틀을 만들 수 있도록 도와줄 것이다.

진짜 부자는 부를 쌓는 방법을 부모에게 배운다. 나 역시 아이를 공립 학교에 보낼 생각이 없다. 지식을 쌓으면 근로자가 되지만 지혜를 쌓으면 경영자가 된다. 근로자들은 더 높은 지식을 쌓아서 자신의 업무에 멋지게 활용한다. 그러나 경영자들은 지혜를 쌓아서 시스템을 만들고 그들을 채용한다. 부자들은 본능적으로 이 원리를 깨우치고 있다.

지혜는 돈을 흡수할 수 있는 그 무엇이며, 지혜가 없는 방법은 결국 돈을 잃게 만든다. 시스템이라 하더라도 지혜가 없이 만들어진 곳에서는 결국 돈이 빠져나간다. 지혜는 돈나무를 만드는 밑거름이 된다. 그래서 그들은 자녀교육을 하더라도 지식보다는 지혜 위주의 교육을 시킨다. 하지만 지식만 가르치는 학교에서는 이것이 용납되지 않는다. 또한 학교에서 제시한 기준(열심히 공부해서 훌륭한 근로자가 되어야 한다는)을 충족하지 못하면 낙제를 시킨다.

대신에 부자 부모들은 학교가 가르치지 않는 그것, 기업을 창출할 수 있는 방법과 일자리를 창출할 수 있는 방법을 가르친다. 그들 역시 그렇게 교육받고 컸기 때문이다. 특히 미국에 이런 문화가 잘 정착되어 있다. 애시당초 미국은 기회의 땅으로 노동자가 아닌 사업가 마인드로 자신의 인생을 개척하기 위해 모인 사람들이 세운 나라다. 그래서 그들은 자신의 자녀들에게도 개척자와 창조가의 DNA를 유전시켜왔다. 미국에서 유명한 사업가가 많이 나오는 것도 그 때문이다. 누구나 알 만한 기업, 이를테면 MS, 애플, 페이스북, 포드, GM, GE, IBM, INTEL, 코카콜라, 맥도날드, KFC 등 헤아릴 수 없이 많은 기업들이 세워지고 세상을 이끄는 기준이 되고 있다.

이 세상은 돈을 중심으로 돌아간다. 그래서 돈을 부릴 줄 아는 사람이 되어야 한다. 남들이 시킨다고 내 자식도 그렇게 공부시키지 마라. 대개는 쓸모없는 것들이다. 대신에 세상이 어떻게 돌아가는지, 돈이 어떻게 우리의 삶과 세상에 영향을 미치는지 가르쳐야 한다. 그러기 위해서는 부모가 먼저 '부'의 원리에 대해서 부자들의 사고와 지혜에 대해서 부단히 공부해야 함은 당연지사다.

그런데 지혜는 어디에서 오는 것일까? 본디 지혜는 특정한 지식을 기초로 한 깊은 사색에서 비롯된다. 에디슨과 아인슈타인도 지진아였다. 둘 다 깊은 생각에 꽂힌 나머지 일상적인 통념을 따라가지 못했다. 선생님들은 두 손 두 발 다 들었다고 했다. 그들은 남과 같기를 거부했다. 대신에 특정한 지식에 대해 깊은 생각에 빠져들었고 거기서 해답을 구한 것이다.

생각은 에너지다. 생각은 신비한 힘을 가지고 있어서 그것을 파고들수록, 에너지의 파동은 증폭되어 우리 의식을 심연으로 인도한다. '의식의 심연', 곧 잠재의식이다. 양자물리학에 기인하자면 잠재의식은 우주를 구성하는 근원이다. 깊은 생각이 잠재의식 속에서 이치를 끄집어낸다. 사람에게 천재성을 발휘하게 만드는 것이다. 그리고 그 천재성은 창조로 이어진다.

《부자아빠, 가난한 아빠》의 작가 로버트 기요사키의 말을 빌리자면 천재를 뜻하는 영어단어 Genius는 Geni-in-us의 줄임말이다. 모든 사람들의 의식 속에는 알라딘 램프 속에 나오는 마법사 지니Geni가 잠들어 있다는 뜻으로 풀이할 수 있다. 우리 안에는 전능한 능력을 가진 지니가 있지만 사람들은 그것을 끄집어낼 엄두도 내지 않는다. 암기만 하고 '생각하지 않기'를 강요받아 왔기 때문이다. 생각을 즐기는 사람은 경영자가 되고 사업가가 된다. 공부를 즐기는 사람은 근로자가 되고 학자가 된다. 전자는 돈을 창조하고, 후자는 그들이 창조해놓은 돈 중 일부를 나눠가진다.

깊은 사색을 통해 내면과 대화하기를 좋아하는 아이들, 그들은 천재가 될 수 있는 자질을 가지고 태어난 것이다. 이런 아이를 사회성이 없다고 나무라지 말라. 창조적 목적을 타고난 우리 인간에게 사회성은 아주 위험한 말이다.

부자들은 이 이치를 잘 안다. 그래서 아이에게 사색하는 능력을 물려준다. 그 능력은 창조성으로 이어져 시스템을 만든다. 그 시스템은 돈나무가 되고, 그 아이가 더 큰 창조를 할 수 있게 도와준다. 우리의 뇌는 자극을 줄수록 활성화되기 때문에 깊은 사색은 IQ마저 좋게 만든다.

업적은 고사하고 생각을 하지 않기 때문에 위기가 온다고 해도 과언이 아니다. 대중들은 '생각하지 않기'를 교육받기 때문에, 다른 사람들을 따라 무분별하게 투자하는 경향이 있다. 그렇게 불나방처럼 불구덩이 속으로 뛰어든다.

2007년 월가의 천재들은 사기를 공모하고, 대중들은 뚜렷한 자기만의 철학과 생각도 없이, 불나방처럼 뛰어든 것이다. 평생 모은 돈에 은행 빚까지 내면서 말이다. 기초가 없는 집은 무너지고, 지혜가 없는 시스템은 붕괴된다. 그들은 지혜 없는 시스템을 믿었고 결국 서브프라임 사태가 터지고 말았다.

불구덩이에서 벗어날 수 있는 유일한 길은 깊은 생각에서 비롯된 실행을 통해 지혜를 쌓아가는 것이다. 그 과정에서 부자가 되기 위한 필수요소, 시스템이라는 돈나무를 심을 수 있는 자질이 생기게 된다.

다음은 로버트 기요사키가 《왜 A학생은 C학생 밑에서 일하게 되는가 그리고 왜 B학생은 공무원이 되는가》에서 소개하는 방법이다.

"레모네이드 가판대를 차린 후 레모네이드와 돈을 교환하면 돈을 만들어내는 것이다. '판매용 레모네이드'가 일종의 돈이다. 아이들 여럿이 함께 연극을 공연하면 이때 티켓 판매도 돈을 만들어내는 행위다. 아마추어 록밴드가 CD를 제작하여 파는 것도 돈을 만들어내는 행위다. 순회공연을 다니며 티켓을 파는 것도 마찬가지다. 스마트폰이나 태블릿을 위한 앱을 개발해 그것으로 수익을 올리면 이 역시 돈을 만들어내는 행위다. 걸 스카우트 기금 모금용 쿠키를 판매하면 돈을 만들어내는 것뿐 아니라, 베풀 줄 아는 자본가의 마음가짐에 대해서도 배우게 된다."

이런 과정을 통해 자기도 모르게 아이들은 '부의 창출'에 대해 자각하게 되고, 그 자각이 생각으로 이어져, 부의 감각을 만드는 재료가 된다. 생각을 잘하는 것이 부자의 지름길이다. 깊은 생각은 당신의 천재성을 일깨우고, 그 천재성은 창조성을 이끌어낸다. 창조는 시스템을 낳고 그것이 돈나무가 된다. 인간은 창조자의 소명을 가지고 태어났다. 다만 사용하지 않을 뿐이다. 생각하라, 그러면 길이 보일 것이다.

06

돈이 저절로 따라오는
영향력의 법칙을 따른다

잊지 마라.
자신을 위해 부를 창조하는 비결은
남을 위해 부를 창조하는 것이다.

- 존 템플턴

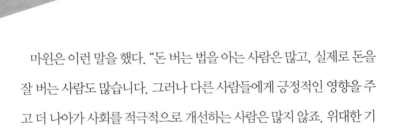

마윈은 이런 말을 했다. "돈 버는 법을 아는 사람은 많고, 실제로 돈을 잘 버는 사람도 많습니다. 그러나 다른 사람들에게 긍정적인 영향을 주고 더 나아가 사회를 적극적으로 개선하는 사람은 많지 않죠. 위대한 기업을 만들고 싶다면 바로 이 일을 해나가야 합니다."

영향력의 다른 말은 인류애다. 보통사람이 큰 부자가 되는 가장 쉬운 방법은 세상에 사랑을 전파하는 것이다. 조건이라면 자기다운 삶을 사는 사람에 한해서다. 자기다운 삶도 살지 못하면서 누구를 이끌겠는가? 큰 부자는 가장 자기다운 삶을 사는 사람들이다. 더불어 세상에 가장 많은 긍정적 영향을 펼치고 보답하면서 산다. 진정 가치 있는 삶이라 할 수 없다. 이를 깨닫는 순간부터 부는 당신을 쫓게 될 것이다.

영향력은 꽃향기와 같다. 수 천리 밖의 꿀벌을 끌어들이고, 그 꿀벌은 향기를 찾아다니며 꽃을 틔우고 이 세상 생명체에 생명의 양식을 만들어준다. 아인슈타인도 이 세상에 꿀벌이 사라지면 3년 안에 인류가 멸망한다고 하지 않았던가! 영향력이란 그런 것이다. 인류가 살아가는 원천이다. 영향력을 미쳐 세상에 향기를 뿌리면 부는 그 향기를 찾아 사방에서 몰려든다.

평범한 우리가 영향력을 펼칠 수 있는 도구는 무엇일까? 가장 쉬운 방법은 인터넷이다. 블로그를 만들고 카페를 만들고, 유튜브에 당신만의 영상을 올리는 등 다양한 방법으로 당신의 영향력을 펼칠 수 있다. 하지만 이것은 한계가 있다. 전파 속도는 독보적이겠지만 브랜드 인지도가 약하다.

두 번째가 바로 책이다. 사실 책만 한 게 없다. 폭발적인 전파 속도 때문에 인터넷을 앞세운 것이지, 평범한 사람이 영향력을 만들기 위해 가장 효과적인 도구는 책이다. 당신이 책을 펴낸 후 그 영향력을 인터넷으로 실어 나른다면 시너지 효과를 일으켜 그 효과는 상상을 뛰어넘을 것이다.

그렇게 발생한 영향력은 돈으로 직결된다. 당신은 누군가의 인생에 영향력을 미치는 만큼 돈을 기하급수적으로 벌어들일 수 있다. 1,000명에게 영향력을 미치면 근로자의 월급을 벌고, 1만 명에게 영향력을 미치면 근로자의 연봉을 벌고, 10만 명에게 영향력을 미치면 근로자의 평생소득을 벌어들일 수 있다. 근로자는 평생 벌어야 할 소득이지만 영향력의 법칙에 따라 당신은 시간의 구애를 받지 않는다. 1년 아니 한 달만에도 그런 소득을 누릴 수 있다는 얘기다.

영향력 있는 사람이 되려면 유명해지면 된다. 매스미디어를 통해 유명해진 사람들, 우리는 그들을 연예인이라 부른다. 연예인 중에서도 유명한 슈퍼스타는 몸값이 상상을 초월한다. 그래서 연예인들이 '광고'를 외치는 것이다. 유명 '광고' 한 편 잘 찍으면 근로자의 평생 연봉과도 맞먹는 돈을 번다.

유명해진다는 것은 셀프 브랜딩이다. 연예인들은 그들만의 타고난 외모와 끼, 노력으로 TV를 통해 셀프 브랜딩을 이룩하였다. 그리고 영향력을 펼쳐 돈을 벌어들인다. 평범한 우리도 영향력을 펼치기 위해서는 셀프 브랜딩이 필요한데, 그러기 위해서는 반드시 책이 필요하다.

"영향력의 법칙에 따르면 당신이 통제하는 범위 안에서 더 많은 인생에 영향을 미칠수록 당신은 더 큰 부자가 된다." 《부의 추월차선》엠제이 드마코의 말이다. 그는 영향력의 법칙에 대해 이렇게 기술하고 있다.

"작곡가는 수백만 명에게 음악을 팔아 수백만 달러를 번다. 복권 당첨자는 수백만 명이 복권을 샀기 때문에 수백만 달러를 번다. 스타 운동선수의 매니저는 선수가 수백만 관중을 즐겁게 했기 때문에 수백만 달러를 번다. 부자의 돈을 출처를 따라가면 늘 수백만의 어떤 것이 존재한다는 사실을 발견할 것이다."

영향력은 부메랑 같은 효과를 지닌다. 당신이 누군가에게 영향력을 미치면 그것은 돈으로 돌아온다. 영향력의 규모나 중요도가 높아질수록 더 많은 돈이 들어온다. 그리고 그것이 사람들의 삶을 더 나은 곳으로 인도하는 영향력이라면 인간이 누릴 수 있는 행복의 최고 경지에 도달할 수 있다.

그중에 하나가 메신저의 길인데, 우리나라에서는 흔치 않는 메신저의 길로 인생역전을 성공하고 다른 사람의 인생역전까지 돕고 있는 김태광 작가의 영향력 법칙을 살펴보자.

그는 지독한 가난과 아픈 과거를 가졌다. 거기에서 벗어나기 위해 처절하게 책을 썼고 35세까지 160여 권의 책을 써내며 기네스북에까지 오른다. 그 숱한 과정 속에서 터득한 '책을 쓰는 기술'을 가지고 영향력 있는 사업 시스템을 고안했다. 책이 평범한 사람을 영향력 있는 사람으로 만들어주는 기폭제가 될 수 있다는 것을 간파한 것이다.

그렇게 자신의 책과 온라인 카페를 보고 몰려든 사람들에게 자신의 이야기를 들려주고, 또 그 사람들의 이야기를 들어주며 책 쓰기 코칭을 하고 있다. 그 과정에서 사람마다의 특징을 이끌어낼 수 있도록 도와주고, 그것으로 책을 쓰게끔 이끌어준다. 물론 이 과정에서 책 쓰기의 비법도 전수해준다. 결과적으로 아주 짧은 시간에 사람들은 자신의 책을 출간하게 되며 영향력의 힘을 알게 된다.

김태광 작가는 영향력의 법칙을 십분 활용하고 있다. 누군가의 삶을 더 나은 곳으로 인도해주는 그런 영향력이다. 그렇게 사람들은 책을 쓰면서 자신의 인생을 찾게 되고, 사회라는 매트릭스를 빠져나와 더 나은 삶을 향해 전진한다. 영향력을 받은 그들은 다시 영향력을 베푸는 사람이 된다. 그런 일련의 과정 속에서 영향력은 거대한 부메랑이 되어 김태광, 그에게 부를 안겨다 주었다.

영향력은 한 사람에게만 영향을 주는 것이 아니라 사회 전반에 향기를 뿌린다. 현재 그가 배출한 작가는 400여 명에 이르는데, 저마다의 색깔과 방법으로 그 향기를 사회에 환원하고 있다. 그에게 글쓰기 노하우를 전수받은 작가들 역시 책을 내고 일약 스타가 된 사람이 많다. 그들은 학교, 관공서, 군부대, TV 등을 종횡무진하며 자신의 이야기로 타인의 인생에 긍정적 영향력을 펼치며 살아가고 있다.

영향력이 있는 사람이 되기 위한 필수 조건은 자기다운 사람이 되는 것이다. 자기다운 사람이란 자기 인생의 선택권을 자신이 쥔 사람을 의미한다. 남에게 선택권을 넘기는 사람은 절대로 영향력을 발휘할 수 없다. 이를 테면 근로자 같은 경우다. 선택권을 갖춘 후 자신이 어떤 사람이 될 것인가 고민해야 한다.

김태광 작가는 '책을 통해 삶의 길을 찾는 방법'을 전파하는 사람이 되자고 결심했다. 또 거기에 적합한 자신이 되도록 매일 수많은 선택을 하고 끊임없이 노력해왔다. 우리가 잘 알고 있는 수많은 성공자들 역시 자신만의 영향력으로 부를 창출해가고 있다. 그들 역시 그 이전에 숱한 선택과 집중으로 그에 걸맞은 사람이 되고자 부단히 노력했고, 결국 그런 사람이 되었다.

당신이 영향력 있는 사람이 되면 돈은 저절로 따라오게 되어 있다. 지금 당장 어떤 사람이 될 것인가를 고민하라. 어떤 생각을 할 것인지, 무엇을 할 것인지 신중히 선택하여 부단히 노력하라.

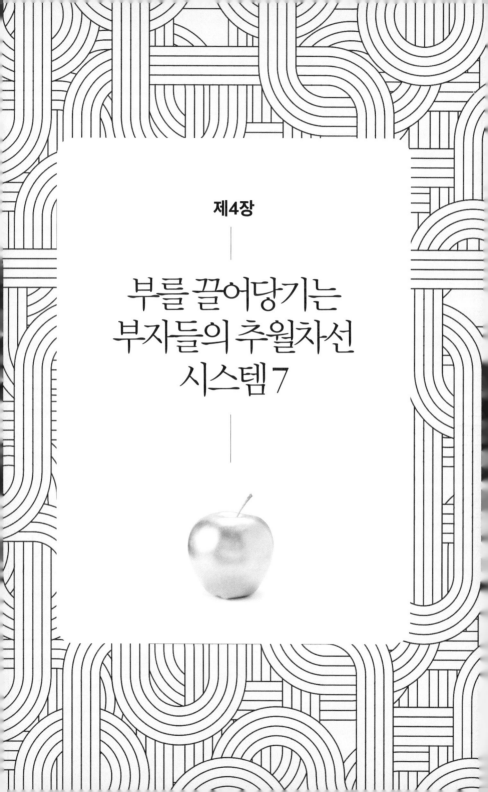

제4장

부를 끌어당기는
부자들의 추월차선
시스템 7

01

'지식과 경험' 기반
시스템을 만들어라

경험을 현명하게 사용한다면,
어떤 일도 시간 낭비가 아니다.
- 로댕

무대의 좌우를 종횡무진하며 쫓아다니는 그를 폴라 압둘은 '흥분한 치
와와'라 부른다. 현재 전 세계에서 가장 영향력 있는 젊은 백만장자 메신
저로 잘 알려진 브렌든 버처드를 표현한 말이다. 그는 아쉽게도 우리나
라에는 잘 알려지지 않았다. 아마존, 뉴욕타임즈, 반스앤노블 1위에 빛
나는 그의 책《메신저가 되라》는 우리나라에서는 판매부진으로 절판되
었다.

강연가로 사는 1인 기업가의 삶과 그 방법에 대해 조명한 이 책의 절
판은 우리나라가 얼마나 창업이 아닌 취직을 위한 학벌 위주의 사회, 근
로자 양성 사회인지를 보여주는 단편적인 예다.

우리나라는 여전히 메신저, 강연가의 입지가 좁다. 미국에서 유명한 강연가로 활동하고 있는 브렌든 버처드, 오프라 윈프리, 브라이언 트레이시 등의 강연가는 1회 강연료가 수억에 달한다. 하지만 우리나라에 이름 좀 알려진 강연가 김미경, 김정운, 공병호 등은 그들의 10%도 안 된다. 이것이 의식의 차이요, 부의 관점에 대한 차이다.

큰 부자들은 보이지 않는 가치를 절대적으로 여긴다. 부의 시스템이 발달한 미국 같은 나라는 일반 대중들도 보이지 않는 가치를 추구한다. '보이지 않는 가치'가 부의 핵심이란 것을 안다. 인터넷의 발달과 문화적인 교류로 우리나라도 이제 서서히 의식이 열리고 있다. 그래서 김정운, 김미경, 김태광 같은 사람들이 하나둘 두각을 나타내는 것이다.

조금만 눈을 돌려봐도 이 세상에는 놀라운 사람들이 많다. 특히나 인터넷의 발달로 우리는 그런 사람들과 가까워질 수 있는 기회가 훨씬 많아졌다. 이 얼마나 신나는 일인가? 나는 그런 사람을 책과 인터넷을 통해 만났다.

비슷한 얘기로 브렌든 버처드의 《메신저가 되라》라는 책에도 잘 나와 있는데, 김태광은 그의 저서 《서른여덟 작가, 코치, 강연가로 50억 자산가가 되다》에서 그 시스템을 이렇게 밝힌다.

첫째, 내 이름으로 된 책을 쓴다.

둘째, 인터넷 카페를 만든다.

셋째, 성공자의 모습으로 이미지 메이킹한다.

넷째, 책 제목을 주제로 강연을 한다.

다섯째, 외부 특강을 다닌다.

여섯째, 인터넷 카페에서 자체적으로 4주, 6주 등의 과정을 만든다.

일곱째, 나를 추종하는 사람들을 대상으로 코칭, 컨설팅한다.

여덟째, 사람들에게 판매할 상품을 만든다.

아홉째, 자신의 분야에서 좀더 디테일한 두 번째, 세 번째 책을 계속 써낸다.

열 번째, 위의 과정을 계속 반복한다. 시스템이다.

이러한 시스템은 자신의 경험과 지식을 활용해, 그것을 필요로 하는 사람들에게 전파하는 일이기 때문에 돈이 거의 들지 않는다. 순수한 자신의 가치로만 부를 창조하는 시스템이다. 또한 시간이 지날수록 그 시스템의 파워는 막강해진다. 이때부터 좀더 마케팅적인 디테일에 신경을 쏟으면 부는 기하급수적으로 늘게 된다.

'지식과 경험' 기반 시스템을 구축하기 위해선 먼저 자신을 명확히 알 필요가 있다. 자신만 가지고 있는 경험과 지식을 세심히 살펴보라. 당신이 보기엔 하찮은 것들이라도 누군가에겐 반드시 필요한 노하우가 될 수 있다. 당신이 흥미를 가진 것, 즐기는 것을 선택하면 주제 정하기 쉬워진다. 이런 소소한 사례들은 파워블로거를 보면 쉽게 찾아볼 수 있다. 하지만 그들이 한 단계 더 성장할 수 없는 것은 책이 없기 때문이다.

첫 번째 핵심은 자신만의 특별한 주제 설정이다. 단 주의할 사항이 있다. 처음부터 만물박사가 되려고 하지 마라. 이것은 위험한 발상이다.

사람들의 신뢰를 잃고 시스템을 구축할 때 흔들릴 뿐이다.

둘째, 책을 써라. 책을 쓰면 자신이 정한 문제에 대해 자신의 스토리를 명확히 정리할 수 있고, 그에 대한 해결법이 구체적으로 잡힌다. 또한 책을 펴내게 되면 그 독자들은 당신의 주제를 필요로 하는 예비 고객으로 변한다.

셋째, 인터넷 카페를 만드는 일이다. 인터넷의 힘은 정말 폭발적이다. 카페를 좀더 전문성 있게 구축하고 운영을 시작하면 잠재된 예비고객들이 몰려들기 시작한다. 돈 한 푼 안들이고 고객과 소통하는 것이다.

넷째, 웹사이트를 통해 책에서 밝히지 않았거나 밝혔지만 추상적이던 해결법을 구체적으로 제시한다. 물론 전부를 다 내보여서는 안 된다.

다섯째, 이렇게 진행하다 보면 당신을 만나고 싶고, 이야기를 듣고 싶어하는 사람이 생길 것이다. 당신은 그들을 위해 강연을 하고 세미나를 열면 된다.

여섯째, 고객에게 판매할 상품을 만들어도 좋다. 이는 당신을 좀더 전문가로 만들어주며, 상품은 고객에게는 나침반이 된다.

마지막으로 이러한 일련의 과정들을 반복하는 것이다. 여기에 시간이 더해지면 시스템은 점점 더 커지고 부는 기하급수적으로 늘게 된다.

시스템이 어느 정도 구축되면 이제 디테일에 신경을 써야 한다. 아니 심혈을 기울여야 한다. 꼭 필요한 기술은 아웃소싱을 주지 말고 직접 터득하라. 마케팅이 약하다면 전문가를 찾아가 배워라. 마케팅에는 홍보도 포함되는데 초기에는 상품을 판매하기보다 얼마나 빨리, 제대로 알리느냐가 관건이다. 물론 책을 써서 자기 포지셔닝에 성공했다면 그것만으로도 훌륭하지만 거기에 플러스알파가 가미되어야 한다는 소리다.

스피치가 부족할 때도 마찬가지다. 빚을 내서라도 전문가에게 배워라. 배움을 위한 빚은 그 이상의 가치를 창조한다. 사실 '경험과 지식' 기반 시스템에서 스피치 기술은 화룡정점과 같다.

그리고 동일 분야의 전문가들과 인맥을 형성하고 제휴하는 방법도 좋다. 이러한 시스템은 아직 우리나라 실정에는 걸음마 수준에 불과하다. 걸음마면 어떤가? 그만큼 당신이 도전할 수 있는 분야가 무궁무진하다는 뜻이다. 또한 진입장벽이 높다는 뜻도 된다. 부자가 되는 필수요건 중 하나가 높은 진입장벽이다. 누구나 쉽게 할 수 있는 일은 그만큼 돈 벌기가 쉽지 않다.

앞으로는 셀프 브랜딩이 중요하게 될 것이다. 개인적인 콘텐츠가 부와 직결되는 시대 말이다. 이런 쪽으로 선진국인 미국은 개개인이 가진 콘텐츠의 가치를 높이 쳐준다. 그래서 브렌든 버처드, 브라이언 트레이시, 오프라 윈프리 등 유명 강연가의 수입은 상상을 초월할 만큼 치솟는다. 1회 강연료가 억 단위에 미치는 강연가가 수두룩하다.

그에 비하면 우리나라는 푼돈 수준에 불과하지만 사람들의 의식수준이 높아지고, 셀프 브랜딩의 중요성이 높아질수록 미국처럼 개인의 콘텐츠를 높게 평가해주는 시대가 올 것이다. 당신의 메시지를 필요로 하는 사람은 반드시 존재한다. 후발주자가 될 것인지 선두주자가 될 것인지는 당신의 몫이다. 기회는 무궁무진하다

02
'책 쓰기' 기반
시스템을 만들어라

시간은 인생의 동전이다. 다른 동전은 없다.
그리고 당신만이 그 동전을 어디에 쓸지 정할 수 있다.
다른 이들이 당신 대신 이 동전을 쓰지 않도록 조심하라.
- 칼 샌드버그

《부자아빠 가난한 아빠》《다빈치코드》《무궁화 꽃이 피었습니다》《해리포터와 마법사의 돌》《개미》《노르웨이의 숲》《연금술사》….

한 사람의 인생을 송두리째 바꿔놓은 책들이다. 이런 예는 수도 없이 많다. 속세에 파묻힌 무명의 그들을 일순간 세상의 큰 무대에 올려놓고, 영웅과 같은 위상을 선물해준 것! 바로 자신의 이름으로 된 책이다.

벌써 15년 전, 로버트 기요사키는 《부자 아빠 가난한 아빠》를 펴내 전 세계의 이목을 사로잡았다. 그렇게 선풍적인 인기를 끌 수 있었던 이유는 하나다. 기존의 부에 대한 생각이 얼마나 잘못된 것인지 꼬집어주었기 때문이다. 그 대표적인 예가 집이 자산이 아니라 부채負債라는 말이었다. 집도 내 주머니에서 돈이 나가게 하므로 부채라는 소리다. 첫 책이 엄청난 히트를 기록하자 부자아빠 시리즈로 엄청난 부를 획득하게 된다. 기요사키는 사람들의 편견을 무너뜨리는 책으로 전 세계 출판계에 부자아빠 신드롬을 만들었다.

'지식과 경험' 기반 시스템에서도 첫 번째 스텝은 책이었다. 하지만 여기서는 책에 좀더 무게를 두고 자신의 영역을 넓히는 시스템에 대해 이야기 하고자 한다. 잘 만들어진 책의 힘은 '나비효과'의 대표적인 예다. 책 1권으로 태풍을 일으킨다. 나비효과란 나비의 날갯짓이 지구 반대편에서 태풍을 일으킬 수 있다는 이론으로 작은 몸짓 하나가 엄청난 결과를 불러온다는 이론이다.

전 세계 종교계에까지 큰 이변을 연출한 《다빈치 코드》의 저자 댄 브라운도 평범한 고등학교 교사에서 틈틈이 책을 써낸 후 세계에서 가장 영향력 있는 갑부가 되었다. 그의 책 《다빈치 코드》는 51개의 언어로 번역되었고 8,000만 부 이상 팔렸다. 덩달아 그 전에 쓴 책들도 날개 돋친 듯이 팔려나갔고, 현실과 허구를 넘나드는 그의 소설들은 출간 즉시 전 세계 베스트셀러가 되었다. 《다빈치 코드》를 시작으로 지속적으로 책을 펴내고 있다. 거의 모든 책들이 영화로 제작되었거나 제작되고 있다. 성공한 책 쓰기 시스템의 파워는 정말로 상상을 초월한다.

댄 브라운 정도는 아니지만 우리나라만 봐도 그런 경우는 허다하다. 재야에 묻혀 있던 김진명은 소설 《무궁화 꽃이 피었습니다》 한 권으로 인생역전에 성공한다. 얼마 전 유명 당구선수와 결혼한 작가 이지성도 《꿈꾸는 다락방》 시리즈를 시작으로 엄청난 부를 이룬 사람이다. 시인이자 작가 류시화는 100여 권의 번역서를 펴냈지만 빛을 보지 못하다가 자신의 시집 1권《지금 알고 있는 걸 그때도 알았더라면》으로 일약 스타 작가로 등극했다.

작가 김진명은《무궁화 꽃이 피었습니다》로 초대형 베스트셀러 작가로 등극한 뒤 특유의 현실과 허구를 넘나드는 스토리를 담아내며 펴내는 책마다 베스트셀러에 등극하고 많은 책들이 영화로 제작되기도 했다. 그는 우리나라 소설계에 큰 획을 긋는 인물이 되었다.

작가 이지성은《꿈꾸는 다락방》을 펴내 히트시킨 뒤 시리즈를 펴냈고, 모두 성공적인 성과를 거두었으며 이후에도 꾸준히 책을 펴내《천재가 된 홍대리》시리즈와《리딩으로 리드하라》등의 히트작을 남겼다. 그는 폭넓은 집필 활동을 통해 천문학적인 부를 축적할 수 있었다.

책 쓰기 기반으로 성공한 사람들의 공통점은 꾸준함이다. 아무리 좋은 책이 나와도 6개월 남짓 지나면 그 열기가 수그러든다. 그러면 독자들은 또 다른 것을 갈망한다. 이 갈증을 채워주기 위해 꾸준히 쓰고 책을 펴내는 것이다. 책 쓰기 기반으로 시스템을 구축하기 위해선 정말 부단한 노력과 끈기가 필요하다. 하지만 단 1권의 책이 히트를 기록하고 나면 두터운 팬 층이 생기고 그들은 지속적으로 당신의 책이 나오기를 기다린다. 또한 당신의 책이 가지는 영향력을 퍼 나르기 시작한다. 책은 펴내는 것만으로 스스로 생명력이 생겨 자생하는 것이다.

그 외에도 책을 펴낼수록 신기한 일들이 많이 일어난다. 평소에 내게 관심도 없던 지인, 친구들에게 연락이 오고 다양한 인맥이 생기며, 팔자에도 없던 방송 출연도 하게 된다. 인터뷰나 기고, 강연 등의 문의가 쇄도한다. 당신이 취한 행동은 책을 펴내는 것밖에 없는데 말이다. 스스로 생명력이 생겨 당신을 세상에 알리는 매니저 역할을 해준다. 물론 당신이 잠들어 있는 시간에도 책은 열심히 활동한다. 어느 날은 자신도 모르는 사이 통장 잔고에 입금되어 있는 인세를 발견하게 될 것이다. 책은 절판되기 전까지 꾸준히 팔려나가는 자산이 된다. 물론 절판된 이후에도 다시 계약하거나 다른 콘텐츠로 재가공되어 팔려나간다.

책 쓰기 기반의 시스템은 처음에 좋은 책을 펴내서 시스템을 구축하기가 힘들 뿐이지, 일단 시스템이 형성되면 당신이 전혀 신경 쓰지 않아도 알아서 돈을 벌어다주는 마법 같은 도구가 된다.

나처럼 평범한 직장인이었다가 책을 쓰고 인생을 360도 뒤바꾼 인물이 내 지척에 있다. 브랜드 컨설턴트 김우선 작가다. 그녀는 유명한 브랜드 회사에서 브랜드 컨설턴트로 활약하고 있다. 한국 사람이면 대부분 알고 있는 에버리치, 아리따움, 산들애, 브이푸드 등이 그녀의 작품이다. 그런 그녀도 날이 갈수록 자신의 브랜드가 약하다는 것을 느꼈다. 뿐만 아니라 직장이라는 한계가 자신의 발목을 잡고 있음을 통감했다.

삶에 변화를 주고 싶었다. 브랜드를 개발하고 있는 그녀에게 책 쓰기만큼 자신의 가치를 확실하게 브랜딩할 수 있는 방법이 없다고 생각했다. 브랜딩에 대한 책을 써 자신을 셀프 브랜딩하기로 마음먹었다. 그녀는 그 결심을 자신의 책《어떻게 나를 차별화할 것인가》에서 이렇게 밝히고 있다.

"'글을 쓴다는 것은 넘을 수 없는 벽에 문을 그린 후 그 문을 열고 들어가는 것'이라고 크리스티앙 보뱅은 말했다. 나는 이 책을 통해 12년간 겪었던 경험들을 씨줄과 날줄로 엮어 세상을 향한 문을 그려 넣었다. 이제 그 문을 넘어서려 한다. 내가 가장 사랑하며 즐기며 몰입한 브랜드에 대한 이야기들은 곧 내 삶이기 때문이다."

그녀의 책은 출간되자마자 종합 베스트셀러의 자리에 올랐고 여전히 브랜드에 관한 책에서는 식지 않는 인기를 구가하고 있다. 뿐만 아니라 책으로 확실하게 셀프 브랜딩한 그녀는 '브랜벌스 Brandverse'라는 1인 기업가로 독립하여 1인 기업가와 중소기업·대기업을 상대로 브랜드 크리에이티브로 맹활약 중에 있다.

그녀를 바꿔놓은 것은 좋은 학벌도, 좋은 집안도, 좋은 인맥도 아닌 자기 이름으로 된 책 1권이었다. 물론 직장인 중에서는 그래도 성공의 길을 달리고 있었지만 책을 쓰기 전까지 '김우선'이라는 브랜드를 알아주는 사람은 없었다. 그녀가 개발한 제품 브랜드 뒤의 개발자일뿐이었다. 하지만 책을 쓴 후로 상황이 달라졌다. 이젠 그녀의 이름 석 자가 당당히 브랜드가 된 것이다. 책이 사람을 만든다는 것을 기억하자.

대부분 사람들은 자신을 평범하다고 생각한다. 내 생각에 인간은 누구도 평범하지 않다. 평범함 속에 모두 비범함을 숨기고 있다. 책은 바로 그 비범함을 이끌어내서 세상에 들려주는 이야기다. 당신도 얼마든지 김우선 작가처럼 책을 통해서 비범한 사람이 될 수 있다. 그럼 책으로 어떻게 자신을 끌어내 셀프 브랜딩하는지 방법을 알려드리겠다.

궁금해하시는 분들이 있을 것 같아서 나의 책 쓰는 방법을 간단하게 소개한다. 단 장르는 비소설 분야로 한정 짓는다. 소설과 비소설 장르는 쓰는 방식이 전혀 다르다. 간략하게 이야기 하면, 주제 정하기—목차 정하기—목차를 통한 설계도 그리기—서론 쓰기—초고 완성하기—탈고하기로 구성된다.

우선 주제, 즉 콘셉트를 명확히 잡아야 한다. 이 단계를 제대로 하지 못하면 끝으로 갈수록 힘들어지고 중간에 포기하는 수가 생긴다.

둘째 주제(콘셉트)가 정해졌으면 그 주제에 맞는 목차를 완성해야 한다. 전체적인 뼈대를 잡는 과정이다. 이 과정을 생략해 버리면 글쓰기가 정말 어려워진다. 집을 지을 때를 생각해보면 쉽다. 뼈대 골격이 있어야 세부 공사를 진행할 수 있는 것과 같다. 본격적인 글쓰기에서 살을 붙이기 위한 전초전이다. 목차를 쉽게 정하는 방법은 각 장마다, 각 꼭지마다 자신이 넣고자 하는 내용을 한 문장으로 요약해보면 좋다. 보통 꼭지는 40꼭지 내외가 되는데 각 꼭지마다 들어갈 내용을 한 문장으로 축약해서 정의해보고, 이를 물이 흐르듯이 배치시키면 된다.

셋째 목차가 완성되었으면 글을 쓰는 동안 모니터 옆에 붙여둘 설계도가 필요하다. 여기서 설계도는 진짜 설계도를 말한다. 다만 글쓰기 설계도니 도식이나 기호로 그려지는 게 아니라 엑셀시트를 이용한다. 정리된 목차를 순서대로 정리하고, 각 꼭지에 들어갈 사례를 책이나 자신의 경험 등에서 찾고, 각 꼭지마다 키워드를 찾아서 표시해둔다.

세 번째 작업이 끝났으면 각 꼭지마다 서론 쓰기를 하면 된다. 40꼭지라면 40개의 서론이 될 것이다. 무슨 일이든지 시작이 어려운 법이다. 서론을 잘 써두면 그만큼 글을 쓰기가 쉬워진다. 나는 그렇게 했다.

네 번째는 진짜 글쓰기가 시작된다. 무작정 써야 한다. 잘 쓸 필요가 전혀 없다. 초고의 다른 말은 걸레라고 해도 무방하다. 그렇게 초고가 완성되면 책 1권의 포맷이 잡힌다.

마지막으로 탈고를 2번 거치면서 디테일한 부분을 채우면 된다. 탈고를 많이 할수록 좋은 책이 나온다. 유명한 작가의 베스트셀러들도 수십 수백 번의 탈고를 거친 결과물이다.

나는 이러한 과정을 거쳐 5일만에 1차 초고를 쓰고, 다시 2일만에 부족한 초고를 완성시켰다. 그것도 직장을 다니면서 새벽 4시에 일어나 쓰고 퇴근해서 쓰고를 반복했다. 직장에 다니지 않으면 3~4일이면 가능하지 않았을까 싶다.

물론 책 1권을 쓰기 위해 반 년이 넘는 시간 동안의 사색과 독서가 병행되었다. 이러한 준비과정이 없는 사람이라도 콘셉트를 명확히 정하고 생각을 정리한 뒤, 내가 제시한 방법대로 쓰면 2~3주일 정도에 초고를 완성할 수 있다. 단 조건이 하나 있다. 책 쓰기는 스킬이다. 자세한 스킬을 알고 싶다면 '전문가'에게 배워야 한다.

내가 강조하고 싶은 것은 '책 쓰기는 스킬'이라는 것이다. 무엇이든 전문가에게 제대로 배워야 한다. 그래야 더 쉽게 더 빨리 갈 수 있다. 이 또한 앞서 언급한 부자의 덕목 중 하나인데, 보이지 않는 가치에 과감히 투자할 줄 알아야 한다. 자신의 역량을 키울 수 있는 일이라면 더 그렇다.

스킬을 터득하면 훨씬 책 쓰기가 쉬워진다. 그리고 좀더 양질의 책이 나온다. 어차피 고생해서 쓰는데 좋은 책이 나와야 하지 않겠는가? 나는 초고 쓰는데 일주일이 채 걸리지 않았는데, 나 역시 책 쓰기 스킬을 공부했기 때문에 가능한 일이었다.

앞으로는 당신이 어떤 분야에서 성공을 하더라도, 책이 있고 없고의 차이는 하늘과 땅처럼 격차가 벌어지게 되어 있다. 뿐만 아니라 시대가 빠르게 변하고 다각화됨에 따라 1인 브랜드와 1인 기업가 시대는 더 빨리 다가올 것이다. 이런 분위기는 전 세계 트렌드가 되고 있다.

《1인 기업이 갑이다》의 저자 윤석일 씨는 평범한 공장 근로자였다. 꿈을 위해 4년제 야간대에 편입하여 낮에는 용접하고 밤에는 공부하며 주경야독을 반복했다. 그러다가 삶에 변화의 필요성을 느끼고 자신의 경험을 담은 책을 써야겠다고 결심한다. 이후 책쓰기 스킬을 배우고 책을 쓰기 시작해 이제는 4권의 저서를 가진 작가가 되었다. 뿐만 아니라 초중고, 대학교나 일반 기업을 다니며 강사로 활동하고 있다.

지인 중에 스물아홉에 7년 동안의 직업군인 생활을 마무리하고 새로운 삶을 시작한 청춘이 있다. 그는 집안 형편과 부모님의 이혼 등의 이유로 자의반 타의반으로 직업군인에 지원했다고 한다. 처음에는 든든한 부사관의 자리가 마음에 들었지만 해가 거듭할수록 자괴감이 밀려왔다. 통신 관련 업무를 맡고 있던 그는 원치 않는 일들로 이곳저곳 불려다녔다고 한다. 서서히 무기력증이 그를 엄습했다.

그러던 어느 날 우연한 기회에 책 1권을 만나게 된다. 백만장자 메신저 브렌든 버처드의 《메신저가 되라》라는 책이었다. 그 책의 저자는 자신의 경험과 깨달음을 책으로 쓰고, 강연가가 되어 수많은 사람들에게 더 나은 인생을 제시해주는 사람이다. 그 책을 읽고 그는 삶의 변화를 줘야겠다고 생각한다. 이후 신태용이라는 이름을 걸고 공저 《사는 게 더 즐거워지는 40가지 위시리스트》의 저자가 되었다. 공저임에도 불구하고 책의 힘은 그의 삶에 에너지를 불러일으켰다.

책으로 시작된 세상을 향해 뛰쳐나가려는 열망은 그의 시선을 세상 밖으로 돌려놓았다. 이후 7년이라는 긴 군생활을 마감하고 현재는 첫 번째 책을 준비하고 있다. 그리고 자신과 같은 청춘들의 멘토가 되기 위해 가슴 뛰는 삶은 현재도 진행 중이다. 나는 초심을 잃지 않고 가는 특유의 성실함과 긍정마인드가 그의 인생을 더 나은 곳으로 인도할 것이라 확신한다.

평범한 사람에게 책만큼 확실하게 자신을 브랜딩할 수 있는 매체는 그 어디에도 없다. 유명한 사람들만 책을 쓰고, 특별한 사람만 책을 쓸 수 있다는 선입견부터 버리자. 청년 실업이 사회적 문제로 떠오르고 45세가 되면 정년 퇴직해야 하는 시대에 자신의 브랜드가 없으면 끌려가는 인생을 살 수밖에 없다.

책을 써 자신을 셀프 브랜딩하면 그 책은 명함이 되고 경력이 된다. 나아가 24시간 쉬지 않고 당신을 알리는 분신이 된다. 자신의 이름으로 된 책을 써 은퇴 시기를 스스로 결정할 수 있는 시스템을 만들자. 책보다 강력한 스펙은 없다. 지금 당장 시작하라. 문은 두드리는 자에게 열린다.

03
'아이디어' 기반
시스템을 만들어라

창조란 모든 것을 연결하는 것이다.
- **스티브 잡스**

한때 핫한 아이템으로 사람들의 이목을 끈 제품이 있다. 바로 날개 없는 선풍기 '다이슨 선풍기'다. 제임스 다이슨은 영국의 왕립 미술학교에서 산업디자인을 전공한 디자이너였다. 그는 기발한 아이디어로 세상을 변화시킨 인물로 유명하다. 날개 없는 선풍기보다 먼저 '먼지 봉투가 없는 진공청소기'를 개발하여 100년 동안 거추장스런 먼지봉투를 사용하던 청소기의 변혁을 이끌었다. 지금도 기발한 아이디어로 누구도 생각지 못한 제품을 내놓으며 다이슨만의 아이디어 기반 시스템을 구축하고 있다.

사실 '아이디어' 기반 시스템은 성공의 법칙을 모두 포함하는 시스템이기도 하다. 스마트폰의 등장 이후 새로운 메가 블루칩 시장이 되어버린 소셜네트워크 시장에서 두각을 나타낸 트위터, 페이스북, 드롭박스 등이 그 좋은 예다.

가장 핫한 아이디어 기반 시스템, 페이스북을 살펴보자. 페이스북은 가히 놀라울 만한 성장률을 기록해왔다. 2004년 서비스를 시작한 이후로 10년 동안 매년 100% 이상의 성장률을 지속해온 것이다. 페이스북은 현재 전 세계 인터넷 사용자 3명 중 1명이 접속해 있으며 70개 언어로 이용이 가능하다. 서비스를 시작한지 단 5년 만에 구글의 방문자 수를 가볍게 제치기도 했다. 2015년 현재 페이스북은 10억 명이 넘는 사용자를 보유하고 있고, 그중 스마트폰 사용자 수는 7억 명에 달한다. 페이스북은 이러한 강점을 최대한 살려 기존의 검색서비스 광고와는 차별화된 SNS 이용자의 특성을 반영한 광고방식을 적용, 광고수익이 기하급수적으로 증가하고 있다. 이제 서비스 시작 10년째를 맞이한 페이스북은 지난 2014년, 전체 매출 124억 7,000만 달러를 벌어들였고, 그중 90% 이상이 광고수익이었다.

저커버그는 페이스북의 성공요인에 대해 이렇게 말한다.

- 빠르게 움직여라(Move Fast).
- 가장 큰 효과를 내는 데 집중하라(Focus on Impact).
- 실패를 두려워하지 마라(Be Bold).
- 개방적이어야 한다(Be Open).
- 사회적 기본가치를 조성하라(Build Social Value).

페이스북은 변화를 정확하게 파악하는 데 주력하고 그 변화에 빨리 대응하려고 했다. 소비자의 니즈가 변화하고 있음을 인지한 저커버그는 변화하는 소비자의 요구사항을 충족시켜주기 위해 많은 정보를 제공하는 대신 자신의 이야기를 정보로 제공하게 만들었다. 검색 시 사용자와 연관된 정보를 우선적으로 제공하여 원하는 정보에 좀더 빨리 접근할 수 있도록 플랫폼을 구성했다. 소비자들은 정보가 많아질수록 더 신뢰한다는 것을 간파한 것이다.

또한 사용자의 절반이 20~30대이며 가장 활발하게 활동하고 있는 층은 30~40대인 점을 감안하여, 복잡함을 모두 제거해 누구나 쉽게 접근할 수 있도록 소통에 중점을 맞췄다. 대화 중심으로 시스템을 꾸린 것이다. 이에 대해 소비자들은 즉각적으로 반응하기 시작했다.

이러한 '소통 방식'의 변화에 중점을 두고 페이스북은 모바일 환경에 적합하고 그에 걸맞은 텍스트 기반의 가벼운 플랫폼을 구축했다. 소통에 포커스를 맞춘 것이다. 이는 소비자의 니즈를 정확히 읽어 가장 큰 효과를 내는 데 집중한 결과다.

또한 페이스북은 사용자 인증을 심플하게 본인 이메일을 통한 절차만 거침으로서 개인정보보호에 대한 불안감을 해소시켰다. 개인정보의 공개 여부와 자신의 글을 볼 수 있는 네트워크 내의 범위 설정도 스스로 선택할 수 있게끔 플랫폼을 구성해 신뢰감을 준 것이다.

마지막으로 비즈니스적인 측면에서 페이스북은 먼저 인프라라는 시스템을 구축하는 데 주력했다. 처음에는 오로지 고객 확보를 위해 기본 가치를 조성하는 서비스에 주력한 뒤, 레고 블록을 짜맞춰가듯 다양한 서비스 항목을 붙여나갔다. 이후 개인의 소통을 넘어 기업 비즈니스 페이지, 쇼핑에 이르기까지 제휴와 서비스 접목을 통해 다양한 영역의 서비스 항목을 계속 키워나가고 있다.

이제 개인뿐 아니라 중소기업과 대기업에 이르기까지 페이스북 계정을 만들어 마케팅의 도구로 활용하고 있다. 차별화된 SNS 이용자의 특성에 맞는 광고 방식을 적용해 수익을 극대화시켰다. 뿐만 아니라 페이스북은 향후 페이스북 크레디트만으로 연계서비스에서 사용할 수 있는 단일화폐체제를 구축하고 이를 통해 부가수입을 창출할 전망이다.

요즘에 전 세계에 일어나는 큰 사건들을 가장 먼저 보도하는 곳은 신문사나 방송국이 아니다. 바로 그 장소를 지나가던 사람이다. 트위터의 등장으로 기자들이 말하는 '특종'이 사라지고 있다. 이제 기자들도 특종을 잡기 위해 뛰어다니는 것이 아니라 트위터를 적극 활용한다.

2009년 1월, 미국 뉴욕의 허드슨 강 항공기 추락은 트위터의 위력을 세상에 알린 유명한 사고다. 우리나라만 보더라도 큰 사건사고나 집중호우 등의 피해가 있을 때 가장 발 빠르게 전파해주는 매체가 트위터다. 여러 가지 사건이나 사고 시 유용한 정보나 팁도 실시간으로 확인할 수 있다. 팔로워의 힘이다.

트위터의 가장 큰 장점은 누구나 큰 제약 없이 접근하여 많은 사람과 소통할 수 있다는 것이다. 때문에 유명 트위터들은 팔로워 숫자가 수백 수천만 명이 넘기도 한다. 일례로 현 미국의 대통령 버락 오바마는 팔로워만 6,000만 명이 넘고 빌 게이츠도 팔로워만 2,300만 명이 넘는다. 트위터의 특징답게 팔로워가 많아질수록 실시간 정보의 정확성과 다양함이 그 어떤 미디어보다 탁월해진다.

그렇다면 이러한 트위터의 성공요인은 무엇일까? 우선 단순함이 트위터의 강점이자 장점이다. 140자라는 글자의 제한이 있어 블로그나 여타 다른 SNS에 비해 글을 올리는 부담이 적다.

둘째 실시간성이다. 사실 이게 가장 큰 장점이다. 내 얘기를 올리고 즉각적으로 팔로워들의 반응을 확인할 수 있다. 트위터의 전파력은 기존의 그 어떤 매체나 미디어, SNS보다 빠르다. 수많은 팔로워들이 다시 수많은 팔로워들에게 실시간으로 소식을 전한다. 말 그대로 실시간이다.

셋째 페이스북과 더불어 개방성을 특징으로 들 수 있는데 각종 애플리케이션이나 뉴스, 홈페이지 등과 연동하여 소통의 기능을 극대화시킨다. 최근 한 조사결과에 따르면 국내 트위터 사용자는 모바일 앱과 웹서비스를 포함해 9,569가지 방법으로 트위터에 접근할 수 있다고 한다.

마지막으로 유명인과의 소통이다. 기존에는 꿈에서만 가능했던 유명인과의 소통이 트위터를 통해 가능해졌다. 개인적인 예를 들면 유명 연예인이나 내가 좋아하는 스포츠 스타와 실시간 대화를 나누거나 심지어 지구 반대편에 있는 래리 킹이나 빌 게이츠와의 소통도 가능했다. 이렇듯 트위터는 뉴미디어 시대에 새로운 의사소통 수단이자 새로운 뉴스매체로 대중의 영향력을 강화하고 있다.

2006년 잭 도시가 첫 번째 트위터 글을 전파한 이후로 페이스북과 함께 가장 폭발적인 성장세로 세상에 영향을 전파하고 있는 SNS, 둘 다 우연한 아이디어를 인터넷과 연동시켜 만든 부의 시스템이다. 세상에서 가장 영향력 있는 초일류 기업이 되었지만 첫 서비스를 시작으로 오늘에 이르기까지 필요한 것은 아이디어와 인터넷 그리고 사람뿐이었다.

04
'시장 생태계' 기반
시스템을 만들어라

더 나은 세상은 더 개방된 세상이다.
-마크 저커버그

초창기 우리나라에 인터파크, 옥션 등이 문을 열었을 때 오프라인에
너무 익숙해왔던 우리는 그 성공을 의심했다. 하지만 보란 듯이 그 모든
예상을 뒤엎고 그들은 우리나라 온·오프라인 시장 생태계를 뒤흔들어놓
았다. 그런 현상은 미국의 이베이와 아마존을 시작으로 전 세계로 뻗어
나갔고, 이제 중국의 알리바바가 그 명맥을 이어가고 있다.

시장 생태계를 쥐고 있다는 것은 그 생태계 안에서는 옛날로 따지면
일국의 왕이 부럽지 않은 통제력을 가졌다는 뜻이다. 시장 생태계를 쥐
고 있는 자가 현 세상을 지배한다고 해도 과언이 아니다. 대중들은 그 시
장 안에서 소비를 하고 수익을 올린다. 심지어 평생을 살아갈 기반을 마
련하기도 한다. 충직한 백성들이 되는 것이다.

전자상거래에서 '시장 생태계'를 구축해 세계 초일류기업이 된 아마존, 그 시작은 낡은 차고에 컴퓨터 1대로 시작되었다. 이후 아마존의 창업자인 제프 베조스는 자신의 가장 큰 장점인 통찰력을 이용하여 세상을 바꿀 엄청난 일을 저지른다. 모든 사람들이 반대하고 아무도 상상하지 못 했던 일, 인류 역사상 가장 구식 아날로그 매체인 책을 최첨단 매체인 인터넷을 통해 판매할 생각을 계획하고 실천한다. 이처럼 일을 추진할 수 있었던 것은 그의 낙천적인 성격이 한몫을 했다.

"이제는 실천할 때다. 새로운 일, 그러나 약간 미치광이 같은 일을 하기 위해서는 낙관적인 사람이 되어야 한다. 내 경우가 그렇다"

제프 베조스 회장이 아마존의 초창기에 한 말이다. 그는 인터넷 비즈니스의 초창기에 새로운 사업을 시도하면서 수많은 사람들이 고전을 면치 못하고 있을 때 남다른 통찰력과 추진력으로 아마존을 키워나갔다.

그 결과 현재는 이베이와 더불어 세상에서 가장 큰 전자상거래업체가 되었으며, 처음에는 책으로 시작했지만 지금은 '모든 것'이 거래되는 사이트가 되었다. 현재 마윈의 알리바바가 전자상거래 분야의 빅 3로 커나가며 아마존과 이베이의 아성을 뒤쫓고 있다.

그리고 일반적인 전자상거래가 아닌 스마트폰의 등장으로 폭발적인 시장을 형성한 것이 있었으니 그것이 앱스토어다. 스티브 잡스는 아이폰을 출시하기 훨씬 전부터 이러한 시장 생태계를 구상하고 있었다. 시장 생태계와 맞물린 하드웨어와 OS, 스티브 잡스가 아니면 누가 이러한 상상을 하고 창조해낼 수 있었을까? 그 치밀하고 디테일한 시스템 덕

분에 세상 사람들은 아이폰에 열광하기 시작했고 수많은 성공자들을 만들어냈다. 앱스토어라는 거대한 시스템을 등에 업은 아이폰의 등장으로 지구상의 휴대전화와 컴퓨터, 인터넷 시장은 큰 지각변동을 일으키게 된다. 기존의 블루칩 분야였던 피처폰 업체들은 기존의 것을 버리고 스마트폰 만들기에 몰입하기 시작했고, 경쟁적으로 아이폰의 아성을 쫓으려는 스마트폰을 찍어내기 시작했다. 그런 노력 덕분에 이제는 우리나라의 삼성이나 LG, 중국의 샤오미 등이 애플과 경쟁구도를 형성하고 있지만, 하드웨어와 시장 생태계 및 OS가 이종교배된 시스템이어서 보안에 치명적인 문제점과 오류가 드러나고 있다.

어찌됐던 위대한 창조자의 행보는 주변인들을 자극했고 그 결과 스마트폰 시장에는 애플의 앱스토어와 안드로이드의 마켓이라는 거대한 '시장 생태계' 기반 시스템의 양대 산맥이 생겨났다.

이런 형국에 당신이 부자가 되기를 꿈꾼다면 시장 생태계에서는 2가지 방법이 있다. 중국의 마윈처럼 기존의 것들과는 차별되는 전자상거래 시스템을 만들거나 그 기반을 이용하면 된다. 우리나라의 경우도 G마켓이나 옥션을 통해 개인사업을 등록하고 엄청난 부를 거두어들이는 사람이 한둘이 아니다. 또 하나는 앱스토어 내에서의 또 다른 시스템 구축을 도전해볼 만하다. 아이디어와 기획력만 있다면 충분히 가능하다.

어느 시스템이든 거대한 '시장 생태계'를 구축하기보다 그 생태계를 이용하여 또 다른 시스템을 구축하는 게 쉽다. 단점이 있다면 진입장벽이 낮아 남들보다 탁월한 통찰력이나 자질이 있어야 크게 성공할 수 있다.

05
'금융 생태계' 기반
시스템을 만들어라

금융은 돈이 마침내 사라질 때까지
이 사람 저 사람 손으로 돌리는 예술이다.
- 로버트 샤노프

옛날 사람들은 자신이 원하는 물건을 얻기 위해 자신이 가지고 있는 물건과 교환했다. 물물교환이다. 불편하기 짝이 없는 일이다. 인류 역사는 불편함을 하나둘 제거해온 과정이다. 그리하여 생긴 것이 화폐다. 화폐는 인류의 역사를 송두리째 바꿔놓았다. 물론 화폐경제가 세계경제의 근간이 되면서 그 부작용도 만만치 않은 것이 사실이다. 그러다가 실물화폐의 불편함을 해소하고 좀더 편리한 지불수단을 위해 등장한 것이 신용카드였고, 신용카드 역시 시장을 폭발적으로 키우는 데 톡톡히 한몫을 해왔다. 그 다음 버전이 바로 전자결제다.

그동안 이러한 금융 생태계에서 '거래의 수단'을 쥐었던 자가 부의 판도를 좌지우지해왔다. 때문에 화폐와 신용카드의 단점을 보완하고 장점을 극대화시킨 전자결제 시스템은 기존에 있어 왔던 모든 지불수단의 아성을 한 번에 무너뜨릴 정도로 강력하다. 최근에는 금융과 기술의 합성어인 '핀테크'가 미래를 이끌 단어가 되고 있다. 핀테크란 쉽게 말하면 전자결제 생태계의 기술을 통칭하는 말이다. 이는 변화하는 금융 생태계의 단면을 잘 보여준다.

이제는 모르는 사람이 없을 정도로 섹시하고 매력적인 캐릭터 '아이언맨'. 그 아이언맨의 실제 모델이 된 사람이 있으니 바로 일론 머스크다. 그는 오늘날 '가장 주목받고 있는 기업가이자 모험가'로 떠올랐다. 스티브 잡스에 버금가는 이상가며 개척가다. 그는 화성식민지 개척을 위해 우주왕복 시대의 포문을 열어가는 '스페이스 엑스'를 세웠다. 그리고 전기자동차 '테슬라 모터스'의 CEO로 유명하다. 하지만 그를 현재에 있기한 시초는 전자금융시대를 연 '페이팔'이다. 페이팔의 최대 주주였던 그는 페이팔을 이베이에 팔면서 당시 1억 6,500만 달러, 우리돈 1,800억 원을 한 번에 거머쥘 수 있었다.

일론 머스크뿐만이 아니다. 페이팔 공동 창업자로 유명한 스티브 첸은 10억 명이 동시에 보는 동영상 공유사이트 유튜브를 만들어냈다. 그들의 성공에 밑바탕이 된 건 다름 아닌 '금융 생태계'이었다. 페이팔이 처음에 등장했을 때 온·오프라인 상거래 시장을 통틀어 기존의 모든 시장의 법칙을 바꿔놓는 혁신을 낳았다.

스마트폰의 등장으로 '금융 생태계'는 태풍의 눈으로 떠오르고 있다. 지금 세계 각국의 대기업들은 그에 걸맞은 결제 시스템을 구축하고 있다. 애플 페이, 삼성 월렛, 삼성 페이, 카카오 페이 등 있으며 최근 페이스북도 결제 시스템을 준비 중이다. 새로운 금융 생태계는 시장의 판도를 완전히 바꿀 것이다. 뿐만 아니라 현재 세계를 지배하는 기업들의 판도도 완전히 뒤바꿔놓을 수 있다.

현재의 실물 화폐 중심의 경제가 무너지면 전자결제를 통한 온라인 화폐가 새로운 세계의 경제시스템을 구축하게 된다. 과거 인터넷 보급 초창기 시대에 인터넷의 신대륙에 먼저 깃발을 꽂기 위한 거대한 화폐의 이동이 있었다면 앞으로는 새로운 금융 생태계에서 그와 같은 지각변동이 일어나게 된다.

대기업들이 LTE를 시작으로 5G 통신기술과 무선통신기술에 열을 올리는 이유도 금융 생태계의 발전과 그 흐름을 같이한다. 우리가 기본적인 인터넷을 사용하는 데는 현재까지의 기술로도 충분하다. 하지만 인터넷 결제 시스템이 정착되고 사물인터넷 시대가 도래하면 지금보다 월등한 수준의 무선통신기술이 필요한 시대가 온다. 근접무선통신기술인 NFC Near Field Communication 가 그 대표적인 예다. 최근 한 통계에 따르면 조만간 전 세계 모바일 결제액은 700조 원을 넘을 것이란 예상도 나오고 있다. 뿐만 아니라 이러한 시장이 확대되면 동시에 성장하는 시장은 '보안기술'이다. FDS Fraud Detection System 라는 기술이 있는데, 이는 중국모바일결제 시장의 50% 이상을 차지하는 알리 페이와 미국 최대 오픈마켓 이베이의 결제 시스템 '페이팔'이 사용하고 있다. FDS는 사용자의 소비패턴을 분석해 결제의 이상 징후를 포착하고 부정사용을 방지

한다. 아이디와 비밀번호만으로도 쉽게 결제가 가능한 기술이다.

아이폰 6의 등장으로 나온 애플 페이는 애플이 맥북과 아이팟에 이어 아이폰이 가져왔던 혁신보다 더 큰 혁신을 낳을 것으로 기대된다. 애플 페이는 NFC에 생체비밀번호기능인 지문인식을 추가하면서 신용정보 보안을 강화하고 결제를 좀더 편리하게 할 수 있도록 인증절차를 줄였다. 사실 이건 혁신이 아니다. 애플 페이의 진정한 혁신은 현재 소비자 금융의 거대한 시장인 신용카드 결제회사를 한 번에 묶었다는 데 있다. 비자와 마스터, 아메리칸 익스프레스 및 주요 금융사를 한데 묶었고 더불어 맥도날드, 스타벅스, 나이키 등의 22만 개 이상의 제휴점을 확보해 활용의 폭을 넓혔다. 우리는 잘 모르지만 비자와 마스터 사는 로미오 집안과 줄리엣 집안과 같은 앙숙이다. 이 두 회사를 한데 묶었다는 것만으로도 스티브 잡스의 애플이 새로운 금융 생태계를 구축하기 위해 얼마나 오랜 기간 동안 공을 들였는지 엿볼 수 있다.

이 모든 것이 새로운 체제의 '금융 생태계'가 필요한 분야다. 새로운 시대의 금융 생태계는 인터넷과 모바일이 겹쳐지면서 아직 개척해야 할 분야가 무궁무진하다. 최근 새롭게 등장한 금융용어 핀테크 Financial + Technology 도 이를 대변해주는 하나의 물결이다.

미래의 기술을 누가 먼저 선점하느냐에 따라 기업과 국가, 인류의 번영까지 결정될 수 있다. 타고난 통찰력을 가지고 기술을 겸비해 금융 생태계 영역에 당신만의 깃발을 꽂을 수 있다면 당신은 일론 머스크처럼 엄청난 부자가 될 수 있다.

'프로그램' 기반 시스템을 만들어라

지구에서 가장 재미있는 게임은 현실이다.
- 김택진

'화가 난 새'가 어느 날 갑자기 등장하여 남녀노소 할 것 없이 이목을 집중시킨 일이 있었다. 앵그리 버드가 등장했을 때 어른, 아이 할 것 없이 스마트폰을 들고 '앵그리 버드'에 빠져 있는 풍경을 여기저기서 목격했다. 게임을 좋아하던 두 사촌형제가 개발한 앵그리 버드는 대표적인 프로그램 기반 시스템의 성공적인 사례다.

프로그램 기반 시스템의 대표적인 예는 '앵그리 버드'처럼 게임개발 시스템이다. NC소프트 김택진 사장은 이러한 프로그램 기반 시스템으로 IT계의 거물이 된 대표적인 인물이다. 국내 최장수 성공작인 온라인 게임, 리니지를 만들었고 이후에도 리니지2, 아이온 등의 성공작을 계속 발표하고 있으며 최근 모바일 게임시장에서도 두각을 나타내고 있다.

그는 평범한 전자공학도였는데 게임 개발로 거물이 되면서 자신의 또 다른 꿈을 실현시키고 있다. 과거 부친의 사업 실패로 어려운 유년시절을 보냈던 김택진은 야구선수가 되는 게 꿈이었다. 김택진은 자신이 이루지 못한 꿈을 야구단창설이라는 더 거창한 꿈으로 탄생시킨다.

그는 만화와 과학을 좋아했다고 한다. 그러다 스티브 잡스의 전유물인 애플II 컴퓨터를 처음 접하고 거기에 반해 서울대학교 전자공학과를 들어가게 된다. 그러다 동아리 활동을 통해 김택진은 본격적으로 프로그래밍 실력을 쌓기 시작했고 인터넷의 중요성을 간파하면서 리니지의 기초를 닦았다. 첫 번째 성공 이후 리니지2와 아이온 등을 발표하며 한국을 넘어 글로벌 시장의 개척에도 성공을 거두었다. 김택진은 이에 만족하지 않고 더 거대한 자신의 왕국을 구축하기 위해 전 세계 고급 인력의 수급 등 뚜렷한 미래 전략을 펼쳐 나아가고 있다. 프로그램 기반 시스템 사업으로 성공을 거둔 모든 이들의 공통점은 미래전략이 명확하다는 것이다. 또한 대중의 니즈를 정확하게 간파하고 있다.

IT 기술이 비약적으로 발전한 것은 게임 덕분이라고 해도 과언이 아니다. 현재 사회적 분위기는 게임을 보는 시각이 그다지 좋지는 않지만 IT 기술의 발전과 모바일 시장의 성장은 앞으로도 게임 산업을 비약적으로 발전시킬 것이다. 프로그램 기반 시스템을 만들기에 '시장 생태계'가 무척 잘 갖추어져 있는 셈이다. 우리는 깔아놓은 무대 위에 올라가 능력을 펼치기만 하면 된다. 그 능력으로 만든 프로그램 자체가 시스템이 되어 부를 끌어당기기 때문이다.

07
'인터넷 창작' 기반
시스템을 만들어라

상상은 지식보다 중요하다.
- 아인슈타인

인터넷의 대두로 이야기를 기반으로 많은 시장이 새로 생겨났다. 예전에는 책으로만 통용되는 이 시장은 미디어의 발달로 책이 대신할 수 없는 특징들을 가진 새로운 시장으로 거듭나고 있다.

그 첫 번째가 웹툰이다. 이제는 전 국민의 필독서, 아니 필독 만화가 돼 버린 《미생》, 현실적인 풍자를 가감 없이 그대로 그려내며 엄청난 인기를 구가한 웹툰이다. 참고로 웹툰은 웹+카툰의 줄인 말로 인터넷만화를 뜻한다. 작가 윤태호는 이 작품 하나로 일순간 수십 억대의 자산가가 되었다. 너무도 매력적인 캐릭터들을 창조하고 웹툰으로 탄생시킨 이 작품의 생명력은 대단했다. 후에 책으로 출간되고 TV 드라마로까지 제작되어 선풍적인 인기를 끌었다. 미생을 주제로 한 광고가 등장했고, 심지어 드라마《미생》에 나왔던 주, 조연 배우들까지 일약 스타가 되기도 했다.

이 모든 것이 잘 짜인 웹툰 한 편에서 비롯된 결과다. 수천만이 모이는 곳엔 폭발적인 기회가 반드시 있다. 미생은 포털사이트 다음만화에 연재되었는데, 수천만이 모이는 생태계를 잘 활용한 예다. 웹툰뿐 아니라 웹소설로도 인기를 구가하고 있는 작가도 많다.

인터넷이라는 무대는 이제 모든 부의 시스템이 가져야 할 필수불가결한 요소가 됐다. 첫 번째 필수요소라고 해도 과언이 아니다. '지식과 경험' 기반에서는 고객과 소통하고 고객을 끌어들이는 가장 강력한 통로가 된다.

'아이디어' 기반에서는 인터넷 자체가 거대한 시스템으로 작동하기도 한다. '시장 생태계'에서도 인터넷이 있기 때문에 지역과 시간의 구애를 받지 않고 전 세계를 무대로 거래를 펼칠 수가 있다. '금융 생태계' 또한 화폐 중심의 결제 체계를 인터넷으로 고스란히 옮겨 놓은 것이다. '프로그램' 기반 시스템에서 인터넷은 피를 돌게 하는 심장과 같은 존재다.

'인터넷 창작' 기반 시스템은 이러한 인터넷을 무대로 콘텐츠를 만들고 인터넷 안에서 유통시키는 과정을 거친다. 이 시스템은 스마트폰의 등장으로 폭발적인 성장을 하고 있지만 여전히 초기단계에 불과할 뿐이다. 심지어 수천 년 동안 인류 지혜의 보고로 여겨졌던 종이책마저도 그 아성이 무너지고 있다. 그 흐름을 잘 따라가고 있는 사람들이 바로 '인터넷 창작가'들이다.

가장 대표적인 예가 앞서 살펴본 웹툰인데 웹툰을 보신 분들은 알겠지만 웹툰에서 그림 실력은 그리 중요하지 않다. 그림은 엉성하지만 탄탄한 스토리로 성공한 작가가 많다. 웹이든 현실이든 스토리텔링이 가장 중요하기는 마찬가지다.

웹툰 작가가 되기 위해서는 컴퓨터와 인터넷, 그리고 태블릿만 있으면 된다. 물리적인 준비물이 그렇다는 얘기다. 그 외에 스토리텔링을 구상하고, 자신만의 캐릭터와 그림체를 개발해야 한다. 그게 다 갖춰졌으면 네이버나 다음에 회원가입을 하고 웹툰 작가로 등록만 하면 끝이다. 마지막으로 그림을 그릴 수 있는 프로그램을 설치하면 된다. 가장 대표적인 프로그램이 일본에서 만든 '망가스튜디오'다. 사용자가 늘어서 영어 버전도 있으니 쓰는데 무리가 없다.

직장을 다니면서 취미로 웹툰을 그리다 전문 웹툰 작가로 업을 바꾼사람도 한둘이 아니다. 웹툰의 주제를 보면 세상만사를 다 가져다놓은 듯하다. 그 소재도 정말 헤아릴 수 없을 정도로 많다. 창작물의 장점은 현실과 비현실의 경계선이 없다는 데 있다. 때문에 당신이 상상하는 모든 것이 소재가 될 수 있다.

앞서도 말했지만 웹툰 작가가 되려면 무엇보다 중요한 것이 스토리텔링 능력이다. 그래서 오프라인의 만화가들처럼 그림체를 개발하기 위해 노력할 게 아니라 현재 활발하게 활동 중인 웹툰 작가들의 작품을 많이 보면서 분석과 연구의 과정을 거쳐야 한다. 웹툰의 인기로 현재 웹툰 작법에 대한 책들도 많이 나와 있으니 참고해도 좋을 듯하다. 그런 책들은 말 그대로 웹툰 분야의 전문가들이 그들의 노하우를 고스란히 담아낸 책이기 때문이다.

만화는 사실 기획이 절반이다. 인기를 구가하고 있는 웹툰은 힘 있는 스토리와 함께 잘 짜인 기획이 동반된다. 기획에는 어떠한 강점으로 독자에게 어필할 수 있는지에 대한 마케팅적인 면뿐 아니라 최종 작품이 되어 나오기까지의 모든 과정이 포함된다. 때문에 기획을 잘 할수록 훌륭한 작품이 나오는 것은 당연한 이치다.

인터넷 창작 기반 콘텐츠의 장점은 무료에 있다. 독자에게도 작가에게도 무료라는 것은 장점으로 작용한다. 스마트폰의 등장으로 언제 어디서나 무료로 접속할 수 있기 때문에 시간과 장소에 구애를 받지 않고 폭발적으로 퍼져나가게 된다. 물론 100% 무료는 아니다. 인터넷의 특징답게 수십 편의 회로 나누어 초기 몇 회까지 무료 제공으로 독자를 끌어들이는 것이다. 독자들은 스토리텔링이 잘된 웹툰에는 기꺼이 금액을 지불한다.

인터넷 창작 기반 콘텐츠들은 트래픽을 증대시켜서 그 홍보효과로 광고 수익을 올리는 포털사이트와 자신의 작품을 더 많은 대중들에게 알리고 싶은 작가, 저렴한 가격으로 즐길 거리를 찾는 독자라는 세 그룹을 동시에 만족시키는 기막힌 시스템이다. 뿐만 아니라 인기가 높아지면 광고수익도 뒤따른다. 나아가 웹TV, 공중파TV, 영화 등으로 제작되기도 한다.

그리고 인터넷 창작 기반 콘텐츠의 장점은 미디어와 종이창작물의 중간 정도의 성격을 지니고 있어, 웹툰의 경우 종이만화 같지만 스마트폰의 장점을 최대한 살려 다양한 연출이 가능하다는 데 있다. 마치 순서대로 지나가는 영화 필름을 보는 듯한 장면 연출은 물론 사운드와 3D효과 등 특수효과도 넣을 수 있다. 얼마 전 호랑작가의 《옥수역 귀신》이라는 웹툰은 이러한 효과를 십분 활용하여 포털사이트 검색 순위 상위에 오른 적도 있다. 이 때문에 인터넷 창작 기반 시스템은 어떠한 시스템보다 쉽고 빠르게 부의 시스템을 구축할 수 있는 것이기도 하다.

최근에는 소설이나 다양한 장르의 책들도 웹출판시장에서 차지하는 부분이 점점 커지고 있다. 이제 발맞추어 포털사이트에 웹컨텐츠 거래 시장이 생겨나고 있다.

컴퓨터-인터넷-스마트폰으로 이어지는 이 시장은 늘 전에 없던 시장을 만들고 시스템을 생산해내고 있다. 당신이 부자가 되고 싶다면 이유를 막론하고 인터넷이 제공해주는 인프라를 십분 활용해야 한다. 인터넷 창작 기반 시스템이 아니더라도 인터넷의 활용은 당신의 시스템을 키워주는 가장 강력한 지렛대가 되기 때문이다.

제5장

부자가 되는
지름길을 택하라

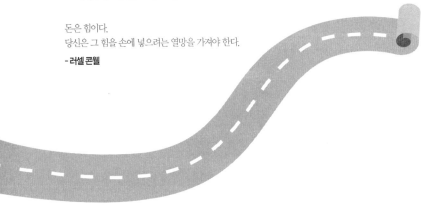

01
욕망은 부자로
가는 길이다

돈은 힘이다.
당신은 그 힘을 손에 넣으려는 열망을 가져야 한다.

- 러셀 콘웰

대개 가난한 사람들은 삶에 의욕이 없다. 무엇이 그들을 그렇게 만드는 것일까? 오로지 가난해서? 그렇다면 찢어지는 가난과 역경을 딛고 일어나 큰 부를 이룬 사람들은 어떤 사람들일까? 모든 인간은 돈으로 환산할 수 없는 가치를 가지고 태어난다. 세상은 이 가치를 발견하고 실현하는 사람과 그렇지 않은 사람으로 나뉠 뿐이다. 당신은 어디에 속하고 싶은가?

성공자들이 가치를 향해 그 어떤 역경도 마다하지 않고 불도저처럼 밀고 나가는 추진력은 어디서 생기는 것일까? 그리고 그 심지에 불을 붙여주는 것은 무엇일까? 이런 해답을 찾기 위해 먼저 두 위인의 명언을 되새겨보자.

성취에 이르기 위한 출발점은 욕망이다. 보잘것없는 욕망은 보잘 것없는 결과를 가져온다. 작은 불씨로는 작은 열을 낼 수밖에 없는 것과 똑같은 이치다. **– 나폴레온 힐**

욕망은 행동과 자기의 꿈을 실현시키는 힘이다. 욕망이 에너지와 결의를 불러일으켜서 계획의 결실을 맺게 한다. **– 시어도어 루빈**

너무 가난해 초등학교 졸업이 고작이었던 故 정주영 현대그룹 명예회장. 성공을 위한 욕망과 자신에 대한 확신으로 가득했던 그의 일화는 영원히 회자될 신화가 되었다. 그의 인생 스토리가 신화가 될 수 있었던 이유를 살펴보자.

"이봐 해봤어?"

정주영 회장의 명언이다. 그는 가난한 농부의 장남으로 태어났다. 하지만 지독한 가난을 물려받길 거부하며, 큰 꿈을 가졌다. 18살 때 소 판 돈 70원을 가지고 3번의 가출 끝에 독립의 길을 나섰다. 거기서 쌀가게 '복흥상회'의 일을 맡게 되고 성실함과 근면함으로 주변 상인들에게까지 인정받게 되었다.

3년 후 쌀가게 주인은 정주영의 성실함에 탄복해 그에게 쌀가게를 넘겼고 '경일상회'로 이름을 바꾼 후 홀로서기에 성공했다. 하지만 일제강점기의 여파로 쌀가게는 결국 문을 닫았고, 바로 다시 일어나 자동차 정비 일을 시작한다. 그러던 어느 날 세숫대야를 데우려다 신나통으로 불이 번져 공장을 다 태우고 거리로 쫓겨나고 말았다.

하지만 그는 굴하지 않았다. 계속되는 시련이 있었지만 원대한 꿈을 이루겠다는 욕망은 그를 일으켜 세웠고, 결국 앞의 일화처럼 기적적으로 현대중공업의 기초를 닦았다. 67년에는 포드와 합작하여 현대자동차를 세웠고, 포드와의 결별 뒤 미쓰비시와 기술을 협력해 1974년 순수 국산자동차 포니를 만들었다. 1986년에는 엑셀을 자동차의 본고장 미국에 수출하며 비약적인 발전을 이룩했다.

아무것도 없던 빈털터리인 그를 일으켜 세운 건 돈 많은 부모도, 학벌도, 천부적으로 타고난 신체적 능력도 아니었다. 그를 일으켜 세운 건 가난을 거부하고 큰 꿈을 이루고자 했던 욕망이었다. 나폴레온 힐의 말처럼 성취의 출발점은 욕망이다. 그리고 그 욕망의 크기에 따라 꿈의 크기도 좌우된다.

정주영에겐 대한민국 최고가 되고자 하는 거대한 욕망이 있었다. 그의 욕망대로 대한민국 최고의 부자가 된 것이다. 뿐만 아니라 한강의 기적이라 불리는, 우리나라의 눈부신 경제성장 그 중심에는 故 정주영 명예회장이 있었다. 그 모든 것을 이룰 수 있게 해준 것은 그의 욕망이 촉진제가 되었기 때문이다.

빌 게이츠는 하버드대학교를 중퇴하고 동료 폴 알렌과 소프트웨어 회사를 차렸다. 그는 전 세계의 PC가 그가 만든 소프트웨어를 사용하게 될 것이라는 원대한 꿈을 꿨다. 그리고 그 욕망이 현실로 실현되는 순간 그는 세계 최고 갑부 자리에 올랐다.

한 경제지의 설문조사에 의하면 한국의 슈퍼리치 중 76%는 슈퍼리치가 되기 전부터 슈퍼리치가 되고 싶은 욕심을 갖고 있었고, 그 꿈을 실현하기 위해 '열정적'(39%)이고 '집요하게'(20%) 노력했던 것으로 나타났다.

성공한 사람들의 공통점을 보면 그들의 인생을 바꿔줄 멘토를 만났다는 것이다. 나 역시 평범한 삶을 살다가 반드시 부자가 되겠다는 욕망을 가지고 밖으로 나아가자 멘토를 만날 수 있었다. "당신은 당신이 생각하는 것보다 훨씬 큰일을 할 수 있는 사람입니다." 내가 만난 멘토가 내게 한 말이다. 그때부터 나는 삶을 다시 돌아보게 됐다. 물론 잊고 있었던 꿈도 되찾을 수 있었다.

찰리 채플린의 명언 중에 이런 말이 있다.

"왜 굳이 의미를 찾으려 하는가? 인생은 욕망이지, 의미가 아니다."

의미를 두는 순간 복잡해진다. 그러니 쓸데없는 의미에서 벗어나 원대한 한 점 목표 달성만을 욕망으로 가져라. 바로 그때 욕망은 삶의 원동력으로 작용한다. 무기력하게 사는 사람도 욕망을 심어주면 눈빛이 달라지는 법이다. 다만 욕망이라는 것을 잘못 이해하면 욕망에 끌려다닐 수 있으니 조심해야 한다. 욕망은 순수해야 한다. 남의 것을 탐하고 시기하는 것은 탐욕이지 욕망이 아니다.

더 나은 삶을 살고자 함은 모든 인간의 욕구다. 처절한 삶일수록 그 욕구는 더 커진다. 거기에서 욕망이 비롯된다. 욕망은 인생에서 이루고자 하는 목표를 세우는 나침반과도 같다. 또한 욕망은 어떠한 역경도 이겨낼 수 있는 힘을 주며, 꿈을 향해 나아가는 동안 힘을 잃지 않도록 해주는 원동력이 된다.

당신의 욕망은 어디에 있는가? 욕망이야말로 부자로 가는 가장 빠른 길이다. 진정으로 추구하고자 하는 거대한 꿈을 이미지화로 각인하고, 확언하며 갈망하라. 그것이 성공과 부자로 가는 길에 가속도를 붙여줄 것이다.

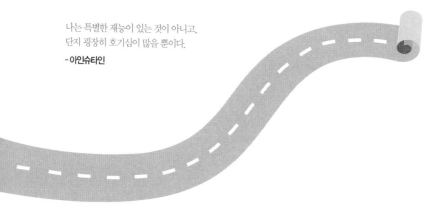

02
지적 호기심을 자극하는 경험을 하라

나는 특별한 재능이 있는 것이 아니고,
단지 굉장히 호기심이 많을 뿐이다.
- 아인슈타인

　문명의 기초는 호기심에서 출발한다. 지적 호기심이 없었다면 이 세상 모든 문명은 발생하지 않았을 것이다. 호기심의 다른 말은 문제의식이다. 현상에 대한 문제의식이 더 나은 세상을 창조하려는 인류의 욕구에 불을 지폈다. 뿐만 아니라 호기심은 부자로 가는 길에 창조성을 일깨워주는 촉진제가 되었다. 호기심에서 비롯된 창조성이 '꿈과 욕망'을 부의 결과물로 구체화시킬 수 있는 힘이 됐기 때문이다.

　호기심에 가득 찬 눈으로 세상을 바라볼 때 비로소 새로운 경지가 열린다. 뉴턴이 떨어지는 사과를 보고 호기심을 가지지 않았다면 만류인력법칙이 탄생할 수 있었을까? 호기심이란 '법칙에 대한 탐구'다. 인간에게 알려지지 않은 법칙에 대한 탐구, 그것이 인류 발전의 시초로 작용했던 것이다.

미국 뉴욕에는 '오리가미 USA'라는 대회가 개최된다. 아직 투표권조차 없던 나이에 컴퓨터 공학박사 과정을 시작한 에릭 드메인은 이 대회를 찾았다. 종이접기에 숨겨진 과학적 원리를 파헤치기 위해서였다. 그는 이 대회에서 놀라우리만치 정교한 종이접기를 보면서 그것들을 일상에 접목시킬 수 없을까를 고민했다.

이후 이 원리로 논문을 썼고 2001년 20세의 나이로 MIT 컴퓨터 공학과 교수가 되었다. 또한 이를 발전시켜 로봇공학자이자 컴퓨터공학자인 다니엘라 러스 교수와 함께 '프로그램 가능한 물체 programmable matter'의 설계에 돌입했다고 한다. 뿐만 아니라 이 기술을 적용해 안정성을 대폭 향상시킨 차량용 에어백 개발을 도왔고, DNA 리보핵산 조각을 활용한 '만능복제장치'와 유사한 기기를 스케치하기도 했다. 이 모든 것이 현상을 바라보는 그의 호기심으로부터 출발했다. 그는 말한다.

"기존의 한계를 깨는 혁신을 이루는 유일한 방법은 어떤 현상을 놓고 계속 장난을 치는 것입니다."

'부'라는 말 역시 기존의 한계를 뒤집어보는 호기심에서 탄생한다. 그래서 부자들은 끊임없이 지적 호기심을 충족하려고 한다. 책을 읽고 세미나에 참석을 하고 호기심을 충족시켜주는 사람을 만나기 위해 기꺼이 돈을 지불한다. 호기심을 해결하는 과정에서 돈의 맥을 찾을 수 있기 때문이다. 세상을 바꾸는 모든 제품들은 호기심이 만들어낸 결과물이라 해도 과언이 아니다.

뿐만 아니라 호기심은 부자들의 마케팅 재료이기도 하다. 제품 홍보와 판매를 할 때 소비자의 호기심을 자극해 판매로 이어지게 만든다. TV 광고나 홈쇼핑 광고를 보면 인간의 호기심을 자극하는 내용들로 가득하다. 어디 TV뿐이랴. 호기심을 자극하는 광고로 가득한 것이 인터넷이다. 여기저기서 노출되는 배너 광고들은 호기심을 자극하는 광고의 끝판왕이다. 이런 광고 아이디어를 위해 부자들은 끊임없이 '사람'에 대한 호기심을 늦추지 않는다.

나의 부자 되기 첫걸음은 두 질문에 대한 호기심에서 출발했다. 그 결과 부자 되기는 내가 전혀 알지 못했던 공식 같은 것이 존재함을 발견했다. 알면 알수록 더 궁금해지는 원칙들이 보였다. 그 무언가를 좀더 면밀히 파헤치기 위해 공부와 탐구를 계속해나갔다. 그런 행위가 내가 알고 있는 세상은 뭔가 잘못되었음을 알게 해주었고 '나'라는 존재에 대해서도 다시 생각할 수 있는 계기가 되었다.

모든 문제도 내 안에 있고 모든 해답도 내 안에 있음을 알게 된 것이다. 어떠한 이유로든 부자가 아닌 사람들은 그것을 보지 않으려 했고 듣지 않으려 했다. 그런 환경에서는 더 이상 호기심은 작동하지 않으며 사람을 살아 있는 좀비로 만들 뿐이다. 세상에 순응하며 사는 꼭두각시가 되는 것이다.

대부분 정형화된 틀 속에 살아가며 호기심을 사용하지 않으니 세상을 향한 탐구심이 이미 석화된 사람도 적지 않다. 그들의 눈에 호기심 많은 사람들은 이상하게 보일 수도 있다. 그러나 마음에 들지 않는다고 그들을 욕해서는 안 된다. 그들이 못마땅하게 느껴지는 건 그들이 틀려서가 아니다. 그들이 틀려야 틀에 박힌 채로 사는 자신에게 면죄부가 주어지기 때문이다.

욕망이 부자가 되는데 촉진제가 되고 행동의 심지에 불을 붙인다면 호기심은 그것이 좀더 활활 타오르게 하는 불쏘시개가 된다. 〈토요 문학 평론지Saturday Review of Literature〉에 호기심에 관한 이런 구절이 나온다.

"만일 우리 현대인들이 정상 교육은 줄이고 호기심을 더 많이 가진다면 좋은 것이다. 발전은 호기심에 달려 있다. 호기심은 사람이 어떤 사람인지, 혹은 앞으로 어떤 사람이 될지를 말해주는 지능 테스트다."

우리는 태어날 때부터 세상이 정해놓은 테두리 안에서 생각하기를 강요받아 왔다. 그래서 대부분의 사람들은 생각이 자신을 만드는지, 자신이 생각을 만드는지도 모르는 주체 없는 삶을 살아간다. 이치를 알려줘도 당장 피부에 와 닿지 않으니 보지 않으려 하고 듣지 않으려 한다. 남들이 심어준 생각 속에 갇혀 살다 보면, 결국 평생 자존감 없는 꼭두각시로 가난에 허덕이다 죽어갈 것이다.

답은 나왔다. 평생 땀 흘려 일해도 늘 그대로일 수밖에 없는 이유는 이런 관념을 깨뜨리지 못하기 때문이다. 이런 관념을 깨뜨리는 출발점이 호기심이다. 호기심을 잃을수록 사람은 세상에 순응하며 살게 되지만 호기심이 가득한 사람은 미지의 땅을 개척해나간다.

얼마 전 강남에서 세미나에 참석했다. 거기에서 그녀가 한 말은 신선한 충격으로 다가왔다. 강남에서 부자들의 돈을 관리해주는 스타 자산

관리사인 그녀는 강남부자들의 이야기를 글로 써내면 강남부자들이 제일 관심이 없을 것이라고 생각했다고 한다. 그들 자신의 이야기이기 때문이다. 하지만 결과는 반대였다. 강남부자들이 더 열의를 가지고 책을 사서 읽고 여기저기 퍼트렸다는 것이다.

부자들의 호기심이 얼마나 대단한지 알 수 있는 대목이다. 부자들은 끊임없이 호기심에서 발동된 탐구욕을 표출한다. 이미 알고 있는 내용도 좀더 디테일하게 연구하고 뭐 하나 놓칠세라 공부를 거듭하는 것이다. 그래서 정기적으로 세미나에 참석하고 책을 읽고 호기심을 충족시켜줄 수 있는 사람들을 만난다.

아직도 세상은 탐구해야 할 것으로 넘쳐난다. 탐구하는 과정 속에서 부의 에너지가 몰려든다. 당신의 아이를 부자로 만들고 싶거든 더 이상 아이들의 호기심을 억압하지 마라. 또한 당신이 부자가 되고 싶거든 스스로의 호기심을 외면하지 마라. 세상이 정해놓은 틀에서 벗어나는 건 현명한 것이지 수치스러운 일이 아니다.

또한 이 세상은 보이지 않는 법칙으로 존재하고 돌아간다는 사실을 잊지 말자. 만유인력도 상대성이론도 눈에는 보이지 않지만 눈에 보이는 현상으로 구체화될 때 우리는 비로소 그것을 느낄 수 있다. 그러나 호기심으로 바라보지 않으면 그 힘마저도 느낄 수 없는 것이 현실이다. 보이지 않는 힘을 자각할 수 있는 능력이 바로 호기심이다. 그러니 호기심을 자극하는 경험을 게을리하지 말자. 그것이 부자가 되는 지름길이다.

03

부자가 되고 싶다면
의식과 환경을 바꿔야 한다

어제와 똑같이 살면서
다른 미래를 기대하는 것은 정신병 초기증세다.
- 아인슈타인

"사람은 자신이 가장 많은 시간을 함께 보내는 5명의 평균치입니다."

웹클라우드 서비스 '드롭박스'를 만들어낸 드류 하우스턴의 말이다.

당신이 누구와 어울리느냐에 따라서 성공이 좌우된다는, 뭐 그런 얘기

다. 같은 맥락으로 중국의 고사성어에도 '맹모삼천지교'라는 말이 있다.

사실 우리는 그 모든 사실을 초등학교 때 다 배운다. 수많은 성공서적

을 뒤져봐도 하나 같이 좋은 환경에 대한 이야기가 들어 있다. 그럼 우리

는 왜 그런 환경 속에 살지 못하고, 가난을 부르는 환경에서 사는 걸까?

어릴 때부터 우리는 자연스레 또래 친구들과 어울리고, 자신의 관심

사와 비슷한 친구들과 어울린다. 그리고 그 관심사는 부모나 선생님, 매

스미디어, 사회 분위기에서 많은 영향을 받는다. 분위기에 끌려갈 수밖

에 없다. 점점 자신의 가치관이 없어지는 것이다. 그러다 보면 아주 평범한 사람들끼리 모여 아주 평범한 인생을 살아가게 된다.

이런 순환이 되풀이될 수밖에 없는 이유는 스스로 환경을 바꾸려 하지 않기 때문이다. 익숙함이 문제다. 익숙함이 사고하는 능력을 떨어뜨렸다. 사고를 하지 않으니 행동으로 이어질 리 없다.

그럼 그 익숙함이란 무엇일까? 부자가 되지 못하는 이들이 벗어나지 못하는 익숙함은 바로 월급이다. 매달 한 번씩 받는 월급을 바라보며 한 달을 살아간다. 하지만 월급이 끊기면 불안해서 어쩔 줄을 모른다. 익숙함이 제거됐기 때문이다.

익숙함에 젖었던 사람들은 위기의 대처 능력도 부족하다. 익숙함이 무너지면 금세 삶을 떠받치고 있던 축이 무너지기 시작하고, 길을 잃은 어린아이마냥 인생길에서 방황하기 시작한다. 익숙함이 제거되면 대개의 사람은 삶의 중심을 잃고 마는 것이다. 다시 말해 익숙함이란 곧 위험의 다른 말이다. 그래서 우리는 익숙하다고 느끼는 순간 위험하다는 신호로 받아들이는 것이 옳다.

부자가 되고 싶은가? 그럼 익숙함과 결별해야 한다. 내가 아는 부자가 개최한 세미나에 참석했을 때의 일이다. 세미나를 마치고 잠깐 얘기를 나눌 기회가 있어 물어봤다.

"그 정도면 평생을 쓰고도 남을 재산을 가지셨는데 끊임없는 도전하는 이유가 뭔가요?"

"변화를 위해 도전하지 않는 삶은 의미가 없어. 내가 변화하지 않으면 변화의 쓰나미에 쓸려가고 말 걸세. 그래서 나는 또 다른 변화의 목표를 세우고 그 목표를 달성했을 때 내가 살아 있음을 느낀다네."

부자들의 삶을 찬찬히 들여다보면 끊임없는 도전의 연속이다. 부를 획득하는 것도 마찬가지다. 먹고사는데 아무런 지장이 없지만 도전 자체가 삶에 에너지를 주는 것이다. 그들은 부를 획득하는 것을 일종의 게임으로 생각한다. 그리고 부는 게임의 결과물로 따라오는 성적표라고 규정짓는다.

고인 물은 썩게 마련이다. 부자들은 정체돼 있는 것을 체질적으로 싫어한다. 그래서 끊임없이 변화를 꾀한다. 쉼없이 도전하고 변화를 추구하지 않으면 마치 죽은 것 같다고 그들은 이야기한다. 익숙함을 거부하는 것이다.

익숙함을 거부하는 것에서부터 변화가 시작된다. 그리고 거기서 의식의 변화도 함께 일어난다. 의식의 변화가 일어나면 가장 먼저 찾아오는 것은 행동의 변화다. 변화된 의식을 행동으로 옮기면 전에 보지 못하고 느끼지 못했던 것들을 체험할 수 있게 된다. 그때부터 도미노처럼 자신을 둘러싸고 있는 환경이 바뀌기 시작하고, 주위에는 평범했던 사람들이 성공의 길을 걸어가는 사람들로 하나둘 채워지기 시작한다. 현재의 내 상황도 그렇다.

여기 나와 친한 지인의 이야기가 있다. 그녀는 병원 중환자실에 근무하는 간호사였다. '백의의 천사', 간호사의 빛에 가려진 그녀의 삶은 처절하기 그지없었다. 중환자실 근무는 3교대로 진행이 되는데 완전히

3D 업종이나 다름없다. 간호사에 대한 사명감은 있었지만 인생이 그에 익숙해져가는 것을 참을 수가 없었다. 그런 그녀가 선택한 방법은 '생존독서'였다. 비록 힘든 날의 연속이었지만 그녀는 책 속에서 불편한 익숙함을 벗어날 수 있는 길을 찾았다.

1년이 넘는 시간 동안 일과 생존독서를 병행하면서 그녀는 글을 쓰기 시작했다. 그리고 그 글들을 모아서 책을 펴냈다. 《하루 10분, 독서의 힘》이 그 책이다.

이 책은 출간되자마자 베스트셀러에 오르는 기염을 토한다. 최근 출판시장의 극심한 불황에도 불구하고 6개월간 베스트 자리를 유지할 수 있었다.

익숙함을 벗어나기 위한 생존독서와 글쓰기가 그녀의 삶을 구원한 것이다. 독서를 통해 스스로 지속적인 동기부여를 해나갔다. 그것은 익숙함에 찌든 의식을 바꾸게 만들었고, 바뀐 의식은 행동을 부추겼다. 그러자 그녀의 모든 환경이 서서히 바뀌기 시작했다고 한다. 현재 그녀는 자신의 이름 임원화에서 이름을 딴 '임마이티Immighty'라는 1인 기업을 설립하여, 학교, 기업체, 군부대에 나가 강연하고, 방송 등에 출연하며 '독서를 통해 변화하는 삶을 사는 방법'을 가르치는 멘토로 맹활약 중이다.

익숙함에 갇혀서는 변화를 꾀할 수가 없다. 익숙함이 주는 달콤함에 빠져 더 큰 변화의 물결을 놓치기 일쑤다. 내가 추천하는 방법은 2가지다. 자신이 가고자 하는 길을 먼저 간 성공자들이 쓴 책을 읽는 것이다. 책은 지혜와 노하우의 보물 창고다. 활자만 읽는 독서가 아닌 공부하는 자세로 책을 읽어야 한다. 그리고 어떻게 하면 그들처럼 될 수 있을지 연구하라. 연구하는 과정에서 의식의 변화가 일어나고, 그 변화는 행동을 불러일으킨다.

두 번째로 무조건 밖으로 나아가야 한다. 인터넷이나 책 등에서 모임이나 세미나를 찾아 참석해라. 《하루 10분, 독서의 힘》 임원화 작가도 '책쓰기 학교' 활동을 통해 더 빨리 꿈을 발전시킬 수 있었다고 한다.

《돈보다 운을 벌어라》의 저자 김승호는 운은 바깥에서 들어오는 것이라고 이야기한다. 바깥이란 열린 곳, 흐름이 있는 곳을 말한다. 갇혀 있고 고여 있는 곳에 머물러 운을 날려버려서는 안 된다. 부도 마찬가지다. 변화가 있어야 부가 찾아 든다. 익숙함을 타파하고 변화를 꾀할 때 부가 흘러든다는 말이다. 변화는 흐름이다. 흐름을 잘 타야 순조롭게 더 빨리 갈 수 있다. 또한 흐름은 파장이라는 속성을 지닌다. 파장은 뭉칠수록 힘이 커진다. 우리가 알고 있듯이 빛도 파장이다. 플래시를 여러 개 겹치면 더 밝게 더 멀리 빛을 쏘아 보낼 수 있다. 그 이유는 빛의 파장은 겹쳐질수록 더 강력해지기 때문이다. 따라서 변화가 있는 곳에 당신의 에너지 파장을 동화시킬 때 시너지 효과가 나타난다. 이것이 기하급수적으로 버는 부자의 노하우다.

부자가 되고 싶은가? 그렇다면 시너지 효과를 불러일으킬 수 있는 환경을 찾고 그 흐름에 몸을 맡겨라. 그리고 그것에 동화되어라. 엄청난 변화의 도미노를 경험할 것이다. 단, 의식과 환경을 바꾸는 출발점은 익숙함의 탈피에서부터 시작된다는 것을 다시 한 번 기억하자.

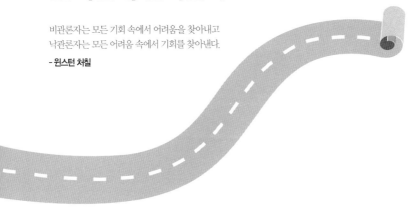

04
생각을 바꾸면 변화는
순식간에 일어난다

비관론자는 모든 기회 속에서 어려움을 찾아내고
낙관론자는 모든 어려움 속에서 기회를 찾아낸다.
- 윈스턴 처칠

한국 사람들에게 너무도 유명한 원효대사는 생각만 바꾸면 된다는 큰 깨우침을 얻고 우리나라 불교사에 큰 획을 긋는 업적을 남겼다. 원효대사가 달게 마셨던 물이 해골 속에 고여 있던 빗물임을 알게 되자 뱃속의 내용물을 다 토해내면서 얻은 깨달음은 '생각의 관점'이었다.

그는 큰 진리를 얻고자 유학을 떠나는 중이었는데, 그 길로 다시 돌아와 생각을 바꾼 뒤 진리를 깨우치게 된다. 불교의 근본은 경전에 있는 것이 아니라 마음에 있음을 알고, '경전을 외우지 않아도 선을 행하고 덕을 쌓으면 극락왕생할 수 있다'는 이치를 대중들에게 전파했다. 이후 귀족종교였던 불교를 널리 대중화시켜 역사에 훌륭한 업적을 남긴 인물이 되었다.

인간은 생각의 지배를 받는 동물이다. 당신이 무슨 생각으로 사냐에 따라 그 생각은 '한계'라는 장벽을 만들고 당신의 인생을 결정짓는다. 하지만 생각을 조금만 바꾸면 문제의 해결책이 보이고 난관을 헤쳐나갈 수 있으며, 당연히 인생의 항로도 부와 성공의 길로 바뀌게 된다.

이 책을 쓰기 전까지 나는 실패자의 생각으로 살았다. 내겐 부자 부모가 없다. 뼈저리게 가난했고 좋은 대학을 나오지도 못했다. 사고를 당해 신체적 장애를 가지고 있는 후천적 Disabled Person신체장애자이다. 갑자기 왜 영어를 쓰면서 표현하냐고? 유식하게 보이려고 그런 게 아니다. 영어로 장애인은 'Dis' + 'able'이다. 능력이 없다는 뜻으로 사람을 스스로 굴복시키게 만든다. 나를 지칭하는 단어까지도 나를 실패자로 만들고 있었다. 4년째 다닌 회사에서도 삶의 의욕을 느끼지 못했으니 수동적으로 일하며 얼빠진 좀비처럼 살고 있었다.

그러던 어느 날 불혹을 바라보는 38살의 나이에 몸서리치게 각성하며 내 자신을 돌아보게 되었다. 불현듯 내 인생을 바꿀 수 있는 무언가를 해야겠다는 생각이 물밀듯이 밀려왔다. 삶을 바꿀 획기적인 사건이 필요했다.

바로 그때 책을 써야겠는 생각이 뇌리를 스쳤다. 예전부터 미루어왔던 책 쓰기를 다시 계획했다. 이후 인생에 대해 고뇌하고 많은 책을 읽고 선각자의 말씀을 들으며 생각의 패턴을 바꾸기 시작했다. 그러자 세상으로 향하는 길이 보이기 시작했고 예전에는 볼 수 없고 감지할 수 없고 들을 수 없던 수많은 것들이 느껴지지 시작했다. 고작 생각 하나 바꿨을 뿐인데 말이다.

그 뒤 나의 인생은 어떻게 바뀌고 있을까? 이 책이 바로 그 결실이다. 생각을 바꾸자 20년 넘게 잊고 살았던 깨달음에 눈을 뜨기 시작했다. 그리고 이 책은 그것을 실천으로 옮긴 결과물이다. 책을 쓰기 전 불현듯 떠오른 생각이 있다. '아! 맞아. 나는 신에게 받은 3장의 인생 티켓으로 살고 있는 사람이구나.' 나는 죽음의 문턱에서 살아 돌아온 3번의 기억이 있다.

어쨌든 그런 일련의 사건들이 고리처럼 물려 잠든 의식에 파문을 일으켰다. 그렇게 내 인생의 사건들을 떠올리며 나의 소명은 무엇인가 고뇌하고 있을 때 앞서 말한 멘토를 만났다. 그 사람이 바로 이 책을 쓸 수 있게끔 이끌어준 '한국 책쓰기 성공학 코칭협회' 김태광 총수다. 그는 나의 정신적 멘토인데, 이제껏 가져왔던 생각의 틀을 바꿀 수 있게끔 만들어준 사람이다.

생각의 틀을 바꾸자 변화는 순간적으로 일어났다. 갑자기 나의 모든 생활 패턴이 바뀌었다. 말하고 행동하고 내가 관심을 가지는 것들이 일순간에 바뀌기 시작했다. 저녁이면 TV 앞에서 야구를 즐겨보던 내가 이제는 TV와 담을 쌓고 지낸다. 그때 깨달았다. TV의 인기프로그램이나 오락프로그램, 스포츠 같은 것들은 스스로 시간을 기꺼이 바치겠다는 시청자가 있기 때문에 존재한다는 것을. 그리고 그 단골 중에 하나가 나였다.

하지만 이제는 아니다. 부자의 관점으로 생각을 바꾼 후에는 시간을 허투루 쓰는 법이 없다. 그 이전엔 돈에 인색하고 시간에 관대했던 나인데, 이제 시간에 인색하고 돈에 관대한 나로 바뀌었다. 장담하지만 이런 이치를 빨리 깨닫고 행하는 사람일수록 더 빨리 부자가 된다. 무언가에 시간을 빼앗긴다는 것은 소리 없이 돈을 강탈당하는 것이다.

여기 생각을 바꿈으로, 또 다른 인생 혁신을 경험한 한 사람의 이야기가 있다. 《관점을 바꾸면 인생이 달라진다》의 저자이자 성공학 코치로 활동 중인 조경애 작가. 그녀 역시 파란만장한 인생 역사를 지니고 있다. 그녀는 교수가 되기 위해 대학원을 2번이나 진학했다. 하지만 자신이 원하는 분야의 교수가 되려면 외국 유명대학 박사학위가 있어야 하고, 이른바 백이 있어야 한다는 말을 듣고 꿈을 포기하게 된다. 20년 동안 공부했지만 물거품이 되는 순간이었다. 엎친 데 덮친 격으로 믿었던 사람에게 사기를 당해 전 재산을 날리고, 잘못한 것도 없이 지명수배자가 되어 쫓겨 다녀야 했다.

그날 이후 생전에 없던 온갖 힘든 일을 하며 생활을 연명했다. 지명수배라는 감투 때문에 스스로 위축되어 직장도 제대로 구하지 못하고 사람들 눈을 피했다. 돈을 벌지 못하니 1,000원짜리 라면 하나 사 먹기도 힘들었다. 허기진 배를 움켜잡고 직장을 구하러 다녔지만 허탕 치기 일쑤였다. 빛조차 안 보이는 힘든 날의 연속이었다.

결국 수면제 한 움큼을 먹고 자살을 결심한다. 하지만 눈을 떴을 때는 방에 홀로 누워 있는 자신을 발견했단다. 그리고 그것은 그녀의 인생을 뒤바꾸는 전환점으로 작용했다. 하늘마저 그녀를 받아주지 않자 마음을 고쳐먹고 오기로 살아남겠다고 다짐한 것이다. 그 결심은 그녀의 생각을 완전히 흔들어놓았고 오랫동안 뿌리박혀 있던 관점이 바뀌기 시작했다. 도서관에 가서 미친 듯이 책을 읽으며 그녀의 인생 스토리를 정리해나갔다. 그 스토리를 묶은 것이 바로 《관점을 바꾸면 인생이 달라진다》이다. 이 책은 출간되자마자 사람들에게 뜨거운 반응을 얻었고, 어려움에 처한 수많은 독자들에게 감사의 인사와 이메일을 받았다. 현재는 1인 기업가로 독립해 '조경애 미래경영연구소'를 경영하며, 성공가도를 달리는 여성 CEO가 되었다. 더불어 자신의 아픔을 경험 삼아 누군가의 아픔을 희망으로 치유하며 살고 있다.

이 세상 60억 명의 인구만큼 인생은 각양각색이다. 저마다의 애환이 있고 저마다의 스토리가 있다. 그중에는 최악의 상황에서도 역경을 딛고 일어나는 사람들이 꼭 있다. 그런 사람들을 일어나게 만들어준 계기는 터닝포인트가 되는 사건이 있었기 때문이다. 삶의 전환점이 되는 사건 뒤에 생각을 바꾸고 자신을 둘러싸고 있던 벽을 허문 것이다.

자신이 처해진 환경을 탓하지 말라. 그것은 스스로의 인생을 저주하는 꼴밖에 되지 않는다. 의지만 있다면 환경은 얼마든지 바꿀 수 있다. 다만 생각을 바꾸는 게 힘들 뿐이다. 어떠한 계기로든지 생각을 바꾸면 변화는 순식간에 일어난다. 그때부터 세상 모든 것이 당신을 중심으로 돌고 있다는 것을 느끼게 될 것이다.

"이것은 당신을 일으킬 수도 있고 쓰러뜨릴 수도 있다. 이것은 당신을 위해 일할 수도 있고, 당신의 일을 방해할 수도 있다. 당신을 성공하게 만들 수도 있고 실패하게 만들 수도 있다. 이것은 당신을 신나게 할 수도 즐겁게 할 수도 있다. 이것은 당신을 비참하게도 낙담하게도 우울하게도 만들 수 있다."

존 맥스웰의《태도, 인생의 가치를 바꾸다》라는 책에서 생각을 정의한 말이다.

나 역시 생각 하나 바꿨을 뿐인데 이전과는 전혀 다른 삶을 살고 있다. 내가 바꾼 건 생각밖에 없다. 로또가 당첨된 것도 아니고, 까맣게 있고 있던 주식이 대박 터진 것도 아니고, 생각도 못했던 할아버지의 토지문서를 발견한 것도 아니다. 그냥 생각을 바꾸자 변화가 일어났다. 그때부터 내 자신이 보이기 시작했고, 세상에 존재하는 소리들이 하나씩 들리기 시작했다. 기억하라. 부자 되기 첫 걸음은 생각 바꾸기에서부터 출발한다.

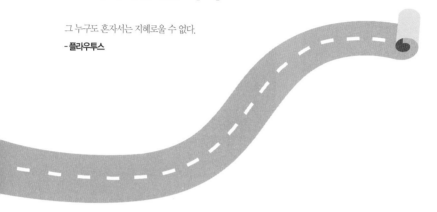

05
부자의 시간을 버는
노하우를 훔쳐라

그 누구도 혼자서는 지혜로울 수 없다.
- 플라우투스

미리 말하지만 평범한 사람이 부자가 되기 위해선 부자들의 시간을 버는 노하우를 훔쳐야 한다. 부자들의 돈 버는 노하우는 '시간을 대하는 태도'와 '시간의 허비를 막는 특별한 습관'에서 나온다.

부자의 노하우를 훔치기 전에 할 일이 있다. 먼저 고정관념부터 버려야 한다. 당신이 관념에 사로잡혀 있는 이상 그 어떤 이치를 알려주어도 당신 것으로 만들 수 없다. 그렇지 않으면 서툰 도둑이 금고문도 못 따보고 잡히는 형국이 될 것이다.

첫 번째는 시간을 대하는 '특별한 태도'다. 질문을 하나 던져보겠다. 시간으로 물건을 살 수 있을까, 살 수 없을까? 살 수 있다고 대답했길 바란다. 당신이 이 개념을 이해하지 못하면 부자가 되기 어렵다. 이해한다는 것은 지식과 다르다. 이해란 머리에 암기된 지식이 아닌 행동이 수반되는 지식이다. 부자들은 이 개념을 이해하고 있기 때문에 어떤 식으로든 더 많은 시간 가치를 구입해 소유하려고 행동한다.

모든 비용은 시간으로 거래되는 것들이다. 시간이 없다면 우리는 정말 아무것도 할 수가 없다. 뿐만 아니라 돈의 획득도 당신의 시간을 지불해야만 가능하다. 사실 숨 쉬는 것 빼고는 모두 당신의 시간으로 산 것들이라고 해도 과언이 아니다. 그래서 부자들은 항상 자신의 시간을 어떻게 늘릴 수 있을지 고심한다.

당신이 한 시간에 순수하게 노동으로 벌 수 있는 돈은 2015년 현재 우리나라 기준 5,580원이다. 하지만 부자들은 시스템을 통해서 한 시간으로 벌 수 있는 최저 시급을 수천 배로 늘릴 수 있다. 우리는 똑같은 시간 안에 존재하는 것 같지만 사실은 아니다. 부자들은 시간을 획득하는 방법을 알기 때문에 우리가 땀 흘려 열심히 일 한 뒤 몇 만 원을 챙길 때, 수백 수천만 원 아니 그 이상을 벌어들이는 것이다. 이것은 현명한 것이지 질타의 대상이 아니다. 본받아야 마땅하다.

컴퓨터의 등장으로 우리도 많은 시간을 벌 수 있게 되었다. 과거에 수십 명이 하던 일을 혼자서 너끈히 해낸다. 부자가 되려면 그 원리를 당신의 관념 속에도 새겨 넣어야 한다. 시간을 획득하는 노하우를 훔치는 가장 좋은 방법은 부자들의 시스템을 분석하고 내 생활에 이식시키는 것이다. 오늘부터 당신이 닮고 싶은 부자의 시스템을 연구하고 체득하라. 그 안에서 당신은 어떻게 시간 가치가 폭발적으로 일어나는지 배울 수 있을 것이다.

두 번째로 훔쳐야 할 것은 바로 시간의 허비를 막는 '특별한 습관'이다. 먼저 부 자체가 시간으로 이루어졌다는 사실을 기억하자. 가난한 사람들은 공통적으로 시간을 잡아먹는 무언가에 중독되어 있다. 중독이란 소리 없이 시간을 허비하는 행위다. 눈뜨고 돈을 강탈당하는 것이라 할 수 있다. 가난한 사람들이 가장 쉽게 돈을 강탈당하고 있는 것이 TV다. 학생들은 버라이어티에 중독되어 있고, 아줌마들은 드라마에 중독되어 있고, 아저씨들은 스포츠에 중독되어 있다. 어디 그뿐이랴. 요즘은 1인 1스마트폰 시대가 되어 어른, 애 할 것 없이 스마트폰에 중독되어 있다.

무료로 주어지는 시간이라고 생각 없이 소비하지 말자. 그 작은 습관이 당신의 인생을 바꾼다. 부자들은 무료로 주어지는 시간이기에 더 값지게 쓰려고 노력한다. 생각 없이 시간을 갖다 바치기 위해 TV 앞으로 몰려들지 않는다. 이러한 이유로 우리가 귀가 따갑도록 들어왔던 부자들의 몇몇 가지 습관 같은 것들이 나타난다.

예를 들면 이렇다. 첫째, 그들은 TV를 멀리하고 책을 읽는다. 독서는 저자의 일생이 함축된 보물창고와도 같다. 가만히 앉아서 저자의 시간이 함축된 지혜를 습득하는 것이다.

둘째, 아침 일찍 일어난다. 가장 총명한 상태에서 부를 끌어당길 아이디어가 가장 많이 나오기 때문이다. 고요한 새벽의 정적은 우리의 정신과 뇌의 파동이 합일을 이루게 만든다. 뇌가 춤을 추는 시간이다. 이때는 낮 3~4시간에 할 일을 1시간에 해치울 수 있다. 이것은 과학적으로도 검증된 바다.

셋째, 생각하는 시간을 줄이기 위해 항상 펜을 들고 다닌다. 메모를 하기 위함이다. 우리의 두뇌는 단 한순간도 쉬지 않는다. 하지만 기억력에는 한계가 있다. 부자들은 순간순간 떠오르는 아이디어를 놓치기 싫어한다. 휘발유처럼 날아가는 아이디어를 놓쳐버리면, 그와 비슷하게라도 아이디어를 재생산해내는 데 또 다시 사색하는 시간을 투자해야 하기 때문이다. 뿐만 아니라 부자는 메모를 통해 모아둔 아이디어를 모아 책으로 만들어낸다. 일종의 시간에 의한 파생상품이라 할 수 있다.

넷째, 항상 무언가를 할 준비가 되어 있다. 준비가 되어 있기 때문에 생각대로 일이 되지 않을 때, 다른 일을 바로 시작할 수 있다. 이 또한 시간을 허비하지 않는 중요한 습관이다. 이외에도 부자들의 특별한 습관은 너무도 많다. 하지만 그 모든 습관을 파헤쳐보면 시간을 허비하지 않는다는 공통점이 있다. 그러나 가난한 사람들은 정반대의 방향으로 간다. 그래서 이러한 습관을 훔칠 수 있어야 놀라운 삶의 변화를 경험할 수 있다.

사실 부의 실체는 '시간'에 함축되어 있다고 해도 과언이 아니다. 부자들이 시간을 대하는 태도와 시간을 허비하지 않는 습관만 복제할 수 있어도 플러스 인생을 살 수가 있다.

06

찾을 것인가, 구할 것인가, 사랑할 것인가

인생은 한 권의 책과 같다.
어리석은 이는 그것을 마구 넘겨버리지만,
현명한 이는 열심히 읽는다.
인생은 단 한 번만 읽을 수 있다는 것을 알기 때문이다.

-상파울

시골의사로 유명한 박경철은 자신의 책《시골의사의 부자경제학》에서 부자를 '부자란 기본적으로 자신의 부를 지키고 이전하는 데 관심이 있을 뿐 더 이상 부를 늘려야 할 이유가 없는 사람들'이라고 했다.

하지만 나의 생각은 조금 다르다. '진정한 부자란 인간으로 태어난 의미를 찾고, 자신이 원하는 삶을 살고, 자신의 영향력으로 세상을 좀더 아름답게 만들어가는 사람'이라 정의하고 싶다. 여기서 원하는 삶을 사는 것이란 자신의 버킷리스트를 모두 실현하는 것을 의미하고, 영향력의 발휘란 수많은 사람들에게 좀더 나은 인생을 제시해줄 수 있는 삶을 말한다. 따라서 부자는 끊임없이 부를 늘려야 할 이유가 있는 사람이다. 이는 그들이 큰 목표를 향해 성취해나가는 과정이기도 하다.

인생은 먼 바다를 항해하는 것에 비유되곤 한다. 항해를 하다 보면 저마다의 목적지를 향해 당차게 나아가는 사람들이 있다. 혹여 비바람이 몰아치고 태산 같은 파도가 밀려와도 굴하지 않고 목적지를 향해서 나아간다. 그러나 목적지 자체를 찾지 못해 그냥 표류하다 인생을 마감하는 사람도 허다하다. 항해는 목적지를 어디에 두냐가 무엇보다 중요하다. 그 목적지를 어디에 두냐에 따라 삶의 항로가 결정되기 때문이다.

그래서 자신이 진정으로 원하는 목적지에 다다른 사람을 우리는 성공자라 부른다. 목적지에 다다르지 못하고 생을 마감하는 사람은 막연한 성공을 꿈꾸었기 때문이다. 진정으로 원하는 목적지로 가고 싶다면 자신만의 뚜렷한 성공자의 모습을 그릴 수 있어야 한다. 그러나 자신만의 성공모델을 정하기란 쉽지 않다. 그런 사람들은 먼저, 다음과 같은 질문을 던져 볼 필요가 있다.

'나는 누구인가?'

지인 중에 존경하는 의사 선생님 한 분이 있다. 그는 그림 그리는 걸 좋아한다. 어느 날 우연히 본 그의 솜씨는 남달랐다.

"의사이신데 화가로 직업을 바꾸셔도 되겠어요."

그러자 그가 대답했다.

"화가는 직업이 아니야. 나 자신이야. 내가 좋아하는 일이지. 의사는 내 직업이고. 그래서 난 의사가 직업인 화가이고 싶다네."

누군가 '당신은 누구십니까'라는 질문을 던질 때 대부분 자신의 직업을 이야기한다. 그러나 직업은 그 사람이 현재 하고 있는 일일뿐 정체성이 될 수는 없다. 내가 다니던 직장 대표도 그랬다. 그는 중소기업 CEO 가 직업이지만 대학교수로도 활동한다. 그는 중소기업의 CEO가 직업 인 '남을 가르치는 일'이 정체성인 사람이다.

뿐만 아니라 평범한 직장인이지만 또 다른 자신의 일을 가지고 있는 사람이 많다. 세일즈맨이지만 정작 시간 날 때마다 사진을 찍으러 다니는 사진작가, 은행원으로 일하고 있지만 심리치료 강연가로 활동하는 사람도 있다. 나 역시 웹마스터가 직업이지만 나의 정체성은 작가이며 강연가다.

직장과 직업이 인생의 간이역이라는 의식이 뚜렷해질수록 진짜 자신을 찾으려는 사람들이 늘어난다. 당신도 얼마든지 당신의 정체성을 찾을 수 있다. 다만 직장이라는 틀에 매여 있다 보니 시각視角이 닫혀 있을 뿐이다. 지금이라도 늦지 않았으니 진정으로 원하는 일을 찾아 나서자. 그것이 곧 정체성이며, 정체성이 무엇인지 아는 사람은 진정으로 원하는 성공자의 모습을 뚜렷하게 그릴 수 있다.

만약 직업인으로 사는 데 만족한다면, 그리고 누군가 시키는 일을 하는 게 편하다면 그 일을 계속하면 된다. 다만 죽을 때까지 '자신'이라는 정체성 없는 '꼭두각시'로 살아야 한다는 것만 기억하자. 그런 사람들은 대개 작은 이익에 매료되어 삶에 안주한다. 직함이 주는 감투에 의존하고 남이 제시해주는 목표를 해결하고 받는 보상에 의존한다. 시간이 흐르면 진급을 하고 어느 정도 안정적인 자리까지 오를 수 있다. 그러나 회사를 떠나게 됐을 때는 더 이상의 감투도, 보상도 아무것도 남질 않음을 알게 된다. 회사를 떠나서는 아무것도 할 수 없는 정체성이 없는 사람이 되기 때문이다.

지인 중에 간절히 뜻을 구하여 인생의 길을 찾은 사람이 있다. 그녀는 이제 막 대학교 졸업을 하고 세상에 발을 내디딘 청춘이다. 졸업을 했지만 막상 자신의 꿈이 뭔지, 자신이 걸어가야 할 길이 무언지도 몰랐다고 한다. 결국 그녀가 선택한 길은 공무원이었다. 공무원이 가장 안정적이었기 때문이다. 그렇게 공무원 시험 준비를 하던 어느 날, 매뉴얼대로 꼭두각시처럼 살아가는 공무원의 현실을 보게 되고 적지 않은 실망을 가졌다고 한다.

'과연 이게 내가 원하는 삶일까?' 바로 그때 그녀의 가슴속에서 흘러나온 말이었다. 구하는 자에게 문은 열린다는 말이 있다. 그때부터 시작된 인생 항로에 대한 고민은 삶을 완전히 바꿔놓을 사건을 만들어준다. 꿈을 찾기 위해 꿈을 이룬 사람들의 세미나에 참석했다가 인생의 나침반이 된 멘토를 만난 것이다. 이후 스스로에 대한 꿈을 고민하고 원대한 빅 피처를 그려나갔다. 그때부터 이전과는 전혀 다른 하루를 살며 스물다섯의 당찬 걸음을 내딛고 있다.

그녀는 그 멘토를 통해 삶의 의미를 다시 돌아보게 되었다. 그리고 진짜 공부는 진정으로 원하는 꿈을 찾아가는 과정에서 얻는 것이란 걸 깨달았다. 이후 그녀는 신재라, 자신의 이름으로 된 책을 쓰고 오프라 윈프리 같은 선한 영향력을 펼치는 메신저가 되기 위해 오늘도 가슴 뛰는 하루하루를 보내고 있다. 그녀는 말한다.

"나는 한 인간으로 태어난 의미를 찾고 싶었습니다. 그래서 한 번뿐인 인생을 표류하다 마는 항해를 하고 싶지 않았어요."

나는 그녀의 순수한 열정이 빛나는 눈을 통해 그녀의 꿈이 현실이 된 미래를 그려볼 수 있었다.

우리는 실패가 두려워 인생의 진짜 목적을 망각하고 산다. 배가 세상에 난 이유는 항해를 하기 위함이다. 두려움 때문에 항구에 정박해 있기 위함이 아니다. 이성적인 사람들이 만들어둔 사회의 시스템에 길들여져 꿈을 찾기도 전에 꿈은 석화돼 버리고 만다. 역사를 만들어온 것은 꿈이라는 상상을 끌어내 현실로 구체화시킨 이상주의자들의 작품임을 잊지 말아야 한다. 다시 말해 우리 인생의 진짜 목적은 꿈을 이루는 것이다.

"나는 평범한 인간 속에 살고 있는 위대함에 열광한다. 자신의 삶 속에서 그 위대함을 끄집어내어 훌륭한 인생을 살아가게 될 평범한 사람들의 잠재력에 몰두한다. 나는 평범하고 초라한 사람들이 어느 날 자신을 일으켜 세우는 위대한 순간을 목격하고 싶다. 나도 그들 중 한 사람이고 싶다. 그들이 꽃으로 피어날 때 그 자리에 있고 싶다. 이것이 내 직업이 내게 줄 수 있는 가장 아름다운 풍광이다."

사람들로 하여금 정체성을 찾고, 자신의 길을 가게 이끌어줬던 자기 경영 컨설턴트 故 구본형 씨의 말이다. 우리들 대부분은 모두 평범하게 태어난다. 하지만 그 속에는 모두 위대함을 가지고 있다. 구본형 씨의 말처럼 자신의 삶 속에서 그 위대함을 끄집어내는 사람이 성공하는 사람이다. 그들은 어느 날 갑자기 자신의 위대한 힘을 발견하고 꿋꿋하게 일어서 세상을 빛낼 성공자가 된다.

당신은 지금 어디를 향하고 있는가? 혹시 어두운 터널에서 출구를 찾지 못해 두려움에 떨고 있지는 않은가? 실패가 두려워 한 발짝도 내딛지 못하고 있는 것은 아닌가? 아니면 스스로 만든 틀 속에 갇혀 세상의 본질을 놓치고 있지는 않은가? 조금만 돌아보면 찬란히 빛나고 있는데, 태양을 등지고 선 채 그림자만 주시하고 있지는 않은가?

가장 먼저 자신의 정체성을 찾는 작업이 필요하다. 당신은 누구인가? 여기에 한 마디로 대답할 수 있을 때 자신이 가야 할 명확한 목적지를 향해 나아갈 수 있다. 찾을 것인가, 구할 것인가, 사랑할 것인가. 정체성을 찾은 사람에게 이 답은 하나로 귀결된다. 명확한 목적지를 향해 나아가는 과정 속에서 삶이 지니는 진짜 의미를 찾고, 초라한 삶을 구하여 사랑이 가득한 인생을 누릴 수 있기 때문이다.

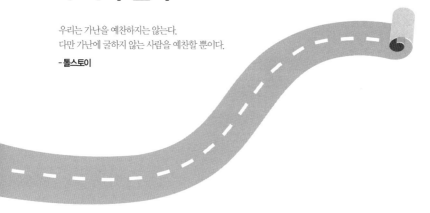

07
절박한 사람이
부자가 된다

우리는 가난을 예찬하지는 않는다.
다만 가난에 굴하지 않는 사람을 예찬할 뿐이다.
- 톨스토이

당신에게 신나는 소식이 하나 있다. 가난한 사람이 부자 되기 더 쉽다
는 것이다. 역사상 위대한 영웅이나 위인은 말할 것도 없고, 현재 세상
을 호령하고 있는 성공자들 역시 찢어지게 가난했거나 불우한 유년시절
을 보낸 사람이 수없이 많다.

무엇이 그들을 이토록 위대하게 만들었으며, 어떻게 그 가난과 역경
을 극복할 수 있었을까? 만약 그 비법만 알 수 있다면 누구나 그들처럼
될 수 있지 않을까? 내가 찾은 해답은 '그렇다'이다. 그리고 살아온 환경
과 지금 처해진 상황은 성공을 이뤄가는데 아무런 문제가 되지 않는다
는 희소식이 하나 더 있다. 놀랍지 않은가?

그렇다면 먼저 질문 하나 던져보겠다. 당신은 절박함이란 말뜻의 의

미를 정확히 알고 있는가? 국어사전에는 절박하다를 '어떤 일이나 때가 가까이 닥쳐서 몹시 급하다'로 정의하고 있다.

우리 인생에서는 절박함이 어떻게 작용할까? 한 발짝도 물러설 수 없는 인생이라는 절벽에서, 절박함으로 인생역전을 일궈낸 사람은 한둘이 아니다. 인생의 끝이라는 한계가 목 끝까지 차고 올라온다. 그때의 절박함이 '몹시 급하게' 인생을 바꿀 '액션'을 취할 수 있는 도화선이 되는 것이다.

"세상이 나에게 등을 돌렸다면 보란 듯이 내 두발로 일어서겠다."

우리에게 잘 알려진, 가수 비_{정지훈}가 〈무릎팍도사〉라는 TV 프로그램에 나와서 한 말이다. 현재 비는 한국의 연예계를 점령한 뒤 할리우드, 블록버스터 영화의 주인공이 되었으며, 가수로서, 연기자로서, 프로듀서로서 엄청난 부를 거둬들이며 '긍정적 영향력'을 펼치고 있다.

그를 여기까지 올려놓은 힘은 무엇일까? 바로 '절박함'이다. 어린 시절 아버지의 사업 실패에 이어 어머니마저 병석에 누우면서, 며칠째 굶는 걸 밥 먹듯이 할 정도로 지독한 가난에 시달려야 했다.

솔직히 얘기하면요, 어릴 때 너무 힘들었어요. 왜 나는 이런 상황일까? 어머님이 매우 아프셔서 누워계시고, 저한테 100원짜리 하나가 없는 거예요. 제가 그때 운동복 한 벌로 6~7개월을 버틸 때였는데, 땀은 땀대로 나고 씻지를 못해서 피부병이 생긴 거예요

－2015년 2월 16일, KBS 〈아침뉴스타임〉, 가난을 극복한 스타 비

그를 키워낸 박진영도 비를 처음에 캐스팅한 이유가 절박함이 보여서였다고 이야기한다. 절박함은 자신 안에 잠자고 있는 에너지를 불러일으킨다. 그 에너지가 강한 파동이 되어 박진영에게 전달되었음이 분명하다.

세상 어린이들에게 꿈을 선사하는 월트 디즈니, 미키 마우스의 아버지로 대변되는 그는 가난한 집안에서 태어나 9살까지 글도 읽지 못하는 학습장애까지 가지고 있었다. 그림 그리는 걸 좋아하지만 돈이 없어, 온갖 궂은 일을 하며 남몰래 틈틈이 그림 그리는 걸 연습해야 했다. 하지만 가난은 쉽게 벗어날 수 없었다. 결국 노숙자 신세로 교회의 허름한 창고에서 지내게 된 그는 거기에서 항상 마주치는 생쥐를 보고, 생쥐를 주인공으로 한 만화를 생각해낸다. 날이 갈수록 가난한 처지를 극복하기 위한 절박함은 커졌다. 그 절박함은 밤낮없이 그림 그리기에 몰두하게 만들었다. 그렇게 탄생시킨 만화 캐릭터와 스토리가 저 유명한 〈미키 마우스〉다. 그는 말한다.

"꿈을 꾸는 것이 가능하고 그것을 믿고 나갈 용기만 있다면 우리의 모든 꿈은 이루어질 것이다."

나 역시 절박함이 뭔지 몰랐다. 밥은 굶지 않고 살 만은 했기 때문이다. 간혹 자가용 있는 사람이 부럽고, 멋진 레스토랑에서 데이트하는 사람이 부럽고, 아름다운 곳으로 해외여행 다니는 사람이 부럽기는 했다. 하지만 죽을 만큼은 아니었다.

그러다 지난 2007년 사고 이후, 멀쩡한 육신에서 장애를 갖게 되고,

엎친 데 덮친 격으로 믿었던 사람에게 사기를 당하고 빈털터리가 되었다. 현실은 나를 벼랑 끝으로 내몰았다. 다행히 잊었던 자아가 내게 절박함이란 선물을 갖다줬다. 그리고 나는 과거와는 다른 나로 당당히 일어섰다.

가난은 절박함이라는 동기를 잉태시킨다. 그 절박함이 고통스런 상황을 벗어나고자 하는 간절함을 주고, 그 간절함은 행동할 수 있는 원동력이 된다. 이런 간절함과 행동력이 반복되어 습관이 되고 끊임없이 승승장구할 수 있는 원천이 되는 것이다.

《이솝우화》를 보면 우리가 잘 알고 있는 〈토끼와 거북이〉 이야기가 나온다. 거북이가 토끼를 이길 수 있었던 이유를 사람들은 토끼가 자만심에 방심했기 때문이라고 생각한다. 그러나 거북이 입장에서는 포기하지 않았기 때문에 이긴 것이다. 누구나 이 게임은 토끼가 이길 거라고 생각하지만 거북이는 자기가 느리다는 현실을 알기 때문에 이기고자 하는 절박함으로 최선을 다했다. 간절함에서 나오는 행동력이 거북이에게 승리라는 달콤함을 가져다주었다.

상속형 부자들이 오래가지 못하는 이유가 무엇이라고 생각하는가? 태어날 때부터 만들어져 있는 환경은 그들을 나태하게 만든다. 토끼와 같다. 스스로 방심이라는 틀을 만들고 헌신이 무언지도 모르며 커간다. 간절함은 당연히 없다. 하지만 가난한 사람들은 가난하다는 현실을 알기 때문에 그것을 벗어나려는 절박함이 있다. 그 절박함은 자신의 삶에 헌신을 할 수 있는 지혜와 힘을 주고 간절함은 행동력으로 연결된다.

가난과 역경을 딛고 일어선 성공자들이 가난은 일종의 축복이라고 말하는 이유도 여기에 있다. 가난은 시련과 역경을 통해 큰 시각으로 삶을 바라볼 줄 아는 눈을 갖게 해준다. 그들이 가난하지 않았다면 자신의 삶에 헌신하지 않았을 것이다. 자신의 삶에 헌신하지 않는 사람은 인간의 내면에 잠든 거인을 만날 수가 없다. 자기 안의 거인을 깨운 그들은 부와 명예, 성공을 한꺼번에 끌어당겼다.

세상에는 절대 부자가 될 수 없을 것처럼 보이지만 성공해 부유하게 사는 사람들이 너무나 많다. 그들이야말로 최고의 인생을 살고 있는 것이다. 그들은 가난과 역경 속에 있다고 해서 결코 좌절하지 않았다. 그 속에서 오는 절박함이 에너지가 되었고, 그 에너지는 부를 끌어당기는 자석이 되었다. 지금 현재도 가난을 극복하고 사회적으로 두각을 나타내고 있는 사람들이 세상을 이끌어간다.

우리는 가진 것이 없다고 해서 노여워할 필요가 없다. 부족함은 삶을 좀더 자세히 볼 수 있는 돋보기가 된다. 가난은 걸림돌이 아니라 큰 부자의 길로 안내하는 촉진제라고 생각하라. 가난을 벗어나기 위한 절박함은 성공으로 가는 가장 훌륭한 연료이기 때문이다. 절박함이라는 연료를 채우고 전진하자. 세상은 간절함이 가득한 당신의 손을 반드시 들어줄 것이다.

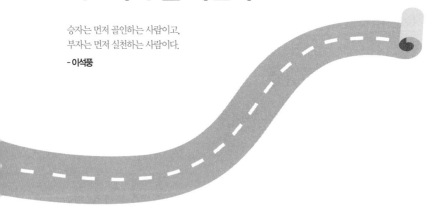

08
생각을 실행으로 옮기는
속도가 부를 가른다

승자는 먼저 골인하는 사람이고,
부자는 먼저 실천하는 사람이다.
- 이석풍

〈천사 조나단〉의 감독이자 주연배우였던 마이클 랜던은 이런 말을 남겼다.

"인생을 출발하는 그 순간에 우리는 죽는다고 누군가는 알려줬어야 했다. 그랬다면 매일 매순간을 헛되이 보내지 않았을 것이다. 하고 싶은 것이 있으면 지금 당장 하라! 내일은 얼마 남지 않았다."

구슬이 서 말이라도 꿰어야 보배라는 말이 있듯이 실천이 중요하다. 이것을 실제로 마음에 담고 행하는 사람은 많지 않다. 인간은 반드시 죽는다는 진실이 있음에도 사람들은 그것이 내일은 아니라고 생각한다. 태어나면서부터 발목을 잡아왔던 안일한 관념과 영원히 내일이 올 것이라는 타협이 사람을 그렇게 만든다. 이 작은 차이가 부와 가난을 가르는 잣대가 되는데도 말이다.

《생각하라! 그러면 부자가 되리라》는 위대한 성공혁명가 나폴레온 힐의 책 제목이다. 하지만 나는 이 말을 좀 바꾸고 싶다.

"행동하라, 그러면 부자가 되리라!"

성공과 부, 행운은 밖으로부터 끌려 들어오는 것이다. 스스로를 계속 자극하여 활성화되지 않은 전자(電子)들을 활성화시키면 그것들이 성공과 부, 행운을 끌어당기는 자석이 된다. 그러나 생각만으로는 그 모든 걸 이룰 수 없다. 행운의 법칙을 잘 기억하자. 행동으로 옮겨 많은 사람을 만나고, 많은 상황을 겪고 느끼며 그 위에 사색을 더해야 비로소 운명의 거대한 변화가 일어난다. 하지만 생각만 깊어 머리가 너무 무거워 움직이지 않는 사람은 몽상가로 끝날 뿐이다. 한 발짝만 내밀면 네버랜드가 펼쳐지는 데 행동하지 않아 그 모든 걸 놓쳐버린다. 이것만큼 안타까운 일은 없다.

지난해까지 나는 곰팡이 냄새 나는 원룸에서 무기력한 삶을 헤매고 있었다. 어느 날 문득 삶의 변화를 주기로 하고 무엇이 문제인지 살펴봤다. 일단 사는 환경부터 바꿔야겠다는 생각이 들었다. 그다음 바로 취한 행동은 내가 가장 빨리 더 좋은 집으로 이사할 수 있는 방법을 찾는 것이었다.

나는 그 즉시 LH주택공사 사이트에 들어가 정보를 검색했다. 운이 좋은 걸까? 바로 내가 찾는 위치에 아파트가 나와 있었다. 망설임 없이 청약 신청을 넣었다. 결과는 어떻게 되었을까? 1순위로 당첨이 되어 지금은 전망 좋고, 바람 잘 통하고, 햇살이 드는 17층 아파트의 쾌적한 환경에서 살고 있다. 과감한 실행이 가져다준 결과다.

청약신청 후 당첨, 그 당시 돈이 한 푼도 없었지만 어떻게 문제를 해결해야 할지 몰두하니 모든 게 순조롭게 진행이 되었다. 여기서 중요한 것, 일단 행동한 뒤 부정적인 생각은 모두 거둬들이고 더 나은 것으로만 초점을 맞춰야 한다는 것이다. 그럼 더 나은 방향으로 몸이 행동하게 되고 문제가 서서히 풀리게 되어 있다.

그 다음은 아파트 입주행사 날이다. 주말에 바쁜 일이 있었지만 오전 일찍 행사장으로 향했다. 일단 참석은 해야 할 것 같았다. LG베스트샵에서 열리는 입주행사장에 가서 인테리어 시공계약을 했다. 경품 추첨이 걸려 있었다. 1등 상품을 주시하며 기분 좋게 돌아왔다. 결과는 어떻게 되었을까? 며칠 뒤 저녁을 먹고 있는데 내가 계약한 인테리어 사장님이 직접 전화를 주셨다. 당신의 업체에서 발급한 쿠폰이 1등으로 당첨되었단다. 그게 바로 나다. 원하는 방향으로 몸을 돌려 행동으로 취한 결과다. 여기서도 중요한 것은 기분 좋게 행하라, 그러면 반드시 행운이 찾아든다는 것이다.

그 다음은 이 책이다. 내가 지금까지 내 이름으로 된 책이 없었던 이유는 행하지 않았기 때문이었다. 너무도 많은 생각들은 행동을 가로막는 제약이다. 생각들을 다 걷어버리고 일단 책 쓰기 학교에 등록을 했다. 혼자서는 힘들지만 멘토가 있고 친구들이 있다면 가능하다고 생각했다. 이 책이 바로 결과물이다. 나는 5일 만에 초고의 90%를 완성하고 다시 일주일 만에 초고를 마무리 지었다. 물론 아주 오랫동안 사색과 책읽기, 부자들의 만남 등 다양한 경험에서 쌓인 꺼리를 차곡차곡 모아놓았기 때문에 빨리 쓸 수 있었다. 거기에 책 쓰기 학교에서 배운 스킬을 적용시키자 2달 만에 책이 나왔다. 이 또한 과감한 나의 행동에서 비롯된 결과다.

그 외에도 이런 일은 너무 많다. 행동을 취함으로서 도미노처럼 기적 같은 일들이 일어나고 있다. 현재 진행형이다. 성공한 사람들은 이런 일련의 과정을 '행동이 불러온다'고 표현하지만 그렇지 않은 사람들은 '운이 좋다'고 표현한다. 기억하라, 기회와 행운은 기다리는 것이 아니다. 직접 찾아내서 취하는 것이다. 거기에 항상 동반되는 것이 행동이다. 이 책도 무작정 쓰기 시작한 행동이 그 첫걸음이었다.

하지만 당신이 성공자와 부자가 되리라 마음먹었다고 해서 무작정 행동해서는 안 된다. 목표를 두고 전략적으로 행동할 줄 알아야 한다. 목표란 원하는 것을 일정 시간 동안 달성해가는 것이다. 그래서 더 빨리 더 안전하게 목표에 도달하기 위해서는 탁월한 전략이 필요하다. 탁월한 전략은 명확한 계획이 있는 전략이다.

명확한 계획은 우선순위를 정하는 것에서부터 시작된다. 신의 작품이라 일컫는 다비드 상을 두고 미켈란젤로는 "필요 없는 부분을 제거하니 다비드상이 되었다."고 했다. 당신의 일에서도 중요한 것만 남기고 제거해버리면 명확한 성공의 그림을 그릴 수 있다. 뭔가 큰 것을 할 때는 당신 삶의 우선순위에서 가장 중요한 것 말고는 모두 뒤로 미루든지 제거해버려야 한다.

그 뒤에 취하는 것이 행동이다. 치밀한 전략과 행동이 수반될 때 더 빨리 더 안전하게 성공이라는 목표에 안착할 수 있다. 여기서 부는 사은품처럼 따라오는 결과물일 뿐이다.

나는 계획하는 것을 좋아한다. 하지만 이루어진 것이 많지 않다. 계획은 있었지만 실행하지 못했기 때문이다. 실행하지 못한 이유는 계획이 두루뭉술하고 전략이 없어서였다. 나는 이 점을 간파하고 우선순위를 정한 뒤 목표를 이루기 위해 필요한 것만 배치시켰다. 그리고 우선순위대로 실천해나갔다. 그러자 놀라운 변화가 일어났다. 마치 지지직거리던 라디오 주파수의 채널이 맞춰지는 것처럼 나를 둘러싸고 있는 모든 것들이 아름다운 화음을 만들기 시작했다.

당신이 목표지점에 더 빨리 더 안전하게 도달할 수 있도록 해주는 내비게이션이 전략적인 계획이며, 탁월한 계획은 삶의 우선순위에서 꼭 필요한 것들만 추려내는 데서 시작된다.

여기서 기억해야 할 것은 생각은 당신의 행동을 통해 자꾸만 결과물을 만들어낸다는 것이다. 이것은 정말 중요한 내용이다. 당신이 부정적이고 파괴적인 생각을 한다면 그런 결과물만 쏟아낸다. 가난한 사람이 계속 가난해질 수밖에 없는 이유다.

하지만 당신은 부자가 될 사람이다. 긍정적이고 창조적인 생각을 유지해야 한다. 내가 지금 글을 쓰고 있는 이유도 창조적인 나의 생각들이 밑바탕이 된 결과다. 창조적인 생각은 마차에서 더 빠르고 안전하게 이

동할 수 있는 자동차'를 탄생시켰다. 나는 새를 보며 날고자 하는 창조적인 생각을 발동시켰고 연구를 거듭하여 날개를 만들고 공기를 이용하는 법을 배워 나온 것이 비행기다. 우리가 누리는 모든 이기利器들은 창조적인 생각에서 비롯된 것들이다.

생각은 모든 것을 창조한다. 당신이 이 사실 하나만 확실히 알고 이 책의 책장을 덮는 것만으로도 나의 목적은 완벽히 달성되었다. 그 다음은 당신의 몫이다. 당신이 행동하기에 달렸다. 당장 행해야지 이 모든 것들이 작동하기 시작한다. 톱니바퀴처럼 물린 성공과 부의 인자들은 당신이 '행동'이라는 스위치를 켜는 순간 돌기 시작하는 것이다.

부를 창조하겠다는 생각만으로도 절반의 부를 이룬 셈이다. 그러나 그 부를 어떻게 실체화시키느냐는 실행의 속도에 달린 것이다. 당신이 이 세상에 딱 3대뿐인 '람보르기니 베레노' 2013년 모델을 가졌다고 해도 액셀러레이터를 밟지 않으면 달릴 수가 없다. 실천이라는 행동이 당신의 꿈인 자동차를 달리게 하는 액셀러레이터다.

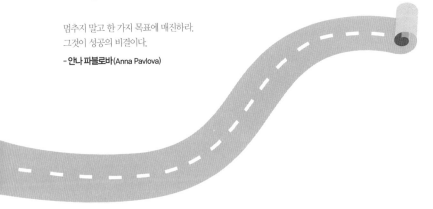

09
부자가 되는 것에
집중하라

멈추지 말고 한 가지 목표에 매진하라.
그것이 성공의 비결이다.

- **안나 파블로바**(Anna Pavlova)

    사람으로 태어나 가장 값지게 사는 방법은 최고로 성공하는 것이다. 노블레스 오블리주, 부자가 되는 것보다 더 효율적으로 세상에 봉사할 수 있는 길은 없다. 이것은 우리가 반드시 부자가 되어야 하는 사명감을 준다.

    이 책을 읽고 있는 사람 중에 《시크릿》이란 책을 모르는 사람은 없을 것이다. 시크릿의 원리는 아주 간단하다. 당신의 생각을 당신이 원하는 하나에 집중하면 된다. 그것으로 끝이다. 하지만 시크릿을 읽었다는 사람은 수없이 많은데 그것으로 삶을 바꿨다는 사람은 많지 않다. 방법을 제대로 알지 못한 채 이론만 체득했기 때문이다. 시크릿을 실천하기 위해선 우선 그동안 살아왔던 모든 껍질을 벗어버릴 준비가 필요하다. 관념의 틀은 더 이상 발전하지 못하도록, 가난하게 살도록, 패배자로 살도록, 직장의 노예로 살도록 당신의 발목을 잡고 있다.

나는 부자들을 부러워만 했지 부자가 되는 방법에는 집중하지 않았다. '더 가난해지면 안 되는데'라는 생각에 빠져 있었다. 이런 생각들은 나를 소극적으로 만들고 우울하게 만들었으며 삶의 의욕을 잃게 만들었다. 하지만 내가 문제를 발견하고 '가난해지는 것'에서 '부자가 되는 것'으로 포커스를 맞추자, 놀라운 변화가 일어났다.

첫째, 먼저 적극적인 사람이 되었다. 결과는 분명하다. 훨씬 많은 기회가 생겼고 훨씬 많은 사람들이 나를 향해 웃기 시작했고, 훨씬 많은 운이 찾아왔다. 부자가 되는 것에 집중하자 부채에 대한 인식도 완전히 바뀌었다. 부채는 무조건 피해야 할 것이라고 생각했는데 부채를 지렛대로 더 큰 부를 만들 수 있음을 알았다. 예전에는 부채를 막기 위해 부채를 사용했었는데, 이제 부의 시스템을 구축하는 도구로 부채를 사용하게 되었다. 그리고 그 시스템이 점점 모양을 갖추어가고 있다.

둘째, 부자가 되는 것에 집중하자 '일'에 대한 관점이 바뀌었다. 예전에는 더 좋은 직장으로 옮기려고 좋아하지도 않은 일에 억지로 시간을 할애하고 스트레스를 받으며 살았는데, 이젠 그럴 필요가 전혀 없다는 사실을 알게 되었다.

오히려 나의 성장을 방해하는 것들로 가득한 직장을 거부하게 되었다. 내가 회사를 나오려고 마음먹기 전 연봉을 올려준다는 제안이 있었다. '더 충직한 노예가 되어주세요'라고 밖에 들리지 않았다. 거기서 내가 내릴 수 있는 옳은 선택은 직장을 박차고 나오는 것이라 생각했다. 부자의 관점에서 직장을 박차고 나와 보면 안다. 당신이 부자가 되기 위해 할 수 있는 일이 얼마나 많은지.

부자가 되기로 마음먹었다면 더 적게 일하고 더 많은 부를 거둬들일 수 있는 것에 몰두해야 한다. 그러면 반드시 방법이 보인다. 부자가 되는 길에 집중하자 하루를 살아가는 모든 방식이 바뀌었다. 이후 매일매일 더 나은 모습으로 일취월장하는 나를 발견했다.

1년 만에 집이 바뀌었다. 1년 만에 새로운 업을 찾게 되었다. 가난한 생각에 잡혀 있을 때는 없었던 창조성과 의식을 깨워주는 친구가 생겼다. 비생산적이었던 아이디어들은 떨어져 나가고 창조적인 아이디어만 솟구친다.

셋째, 부자 되는 것에 집중하자 돈이 아주 풍족하다는 사실을 알았다. 왜냐하면 부는 에너지이기 때문이다. 에너지는 이 우주를 가득 메우고 있는 것이다. 예전에는 돈은 한정된 것이어서 남이 창조해놓은 결과물에서 더 많은 파이를 가져오기 위해 옹졸하게 살았다면 이제는 부가 에너지임을 알기에 너그럽게 살아갈 수 있다. 뿐만 아니라 예전에는 전혀 보이지 않던 부의 에너지가 도처에 널려 있다는 것을 발견하게 되었다.

넷째, 부자 되는 것에 집중하자 나에게는 선택권이 있다는 사실을 발견했다. 남이 내미는 선택지 중에서 선택하는 게 아니라 스스로 선택하여 살아갈 수 있는 삶의 통솔권 말이다. 이제까지 내 인생의 방향키를 남에게 쥐어주고 있었다. 내가 그 선택권을 돌려받자 세상에는 내가 할 수 있고 취할 수 있는 일들이 너무나 많아졌다. 이 모든 것은 내 생각의 포커스를 '가난'에서 '부자 되기'로 바꾼 이후 일어난 일들이다.

부자 되기에 집중하면 당신은 시간과 지혜의 결핍에 시달릴 것이다. 그런 우리에게 필요한 것은 시간과 지혜를 압축시켜놓은 압축 팩이다. 가장 좋은 압축 팩은 책이다. 그보다 더 좋은 압축 팩은 당신이 따르고자 하는 분야의 멘토다. 그리고 시간을 단축시켜줄 도구들을 유용하게 사용할 줄 알아야 한다. 이것은 세 번째 압축 팩이 되어줄 것이다.

모든 부자들은 이 3가지 압축 팩을 항상 지니고 있다. 그리고 그것을 최대한 유용하게 이용할 줄 안다.

먼저 '독서'를 보자. 당신이 얻고자 하는 압축된 지혜를 얻고자 한다면 먼저 당신이 원하는 분야의 책들을 다독할 필요가 있다. 몰입해서 읽어야 할 것과 훑어볼 것들을 분류하고 빠른 시간 내에 더 많은 독서를 해야 한다. 그러기 위해선 먼저 목차나 서평 등을 읽어 머릿속에 그 책의 전반적인 내용을 기록해두어야 한다. 이렇게 정리가 되면, 필요한 것만 골라 읽는 것도 좋은 방법이다.

더불어 역사책을 가까이 해야 한다. 대부분의 부자들 서재에는 모두 역사책이 꽂혀 있다. 역사책에는 가벼운 책에서는 느낄 수 없는 깊은 지혜와 아이디어가 숨어 있음을 그들은 안다. 그래서 부자들은 역사책 읽기를 좋아한다.

그 다음은 멘토다. 이 세상에 스승이 없는 부자는 단 한 사람도 없다. 그 스승은 부모가 될 수도 있고, 선각자가 될 수도 있고, 선생님이 될 수도 있고, 때로 친구가 될 수도 있다. 어쨌든 성공자들과 부자들은 그들을 성공과 부의 길로 안내한 멘토가 있었다.

소크라테스는 플라톤을 가르쳤고, 아리스토텔레스는 그런 플라톤에게서 배웠고 알렉산더는 아리스토텔레스의 영향을 받아 세상의 절반을 정복한 대왕이 되었다. 우리에게 친숙한 김연아에게는 '브라이언 오서'라는 멘토가 있었고 산소탱크 박지성에게는 '거스 히딩크'라는 훌륭한 멘토가 있었다. 사실 부자가 되는 가장 빠른 길은 자신이 원하는 분야에서 성공과 부를 이룬 멘토를 찾아 그의 생각과 습관, 그가 걸어간 길을 그대로 복제하는 것에 집중하는 것이다.

세 번째 압축 팩은 시간이다. 시간을 압축할 도구를 구하고 방법을 찾아야 한다. 우리가 가장 쉽게 접할 수 있는 것이 컴퓨터와 스마트폰, 그리고 인터넷 기반 시스템이다. 이것들은 과거 한 사람이 할 수 없었던 수많은 일들을 가능하게 해준다. 시간의 압축이다. 나는 스마트폰 한 대로 컴퓨터와 연동하여 메모를 관리하고, 스케줄을 관리하고, 정보를 찾고, 기다리는 시간에 뉴스를 읽고, 아이디어를 메모하고, 이동하면서도 수많은 사람에게 연락을 취한다. 그리고 블로그와 카페, SNS를 이용하여 세상과 소통한다.

사실 스마트폰이라는 문명의 이기를 효율적으로 사용하는 방법은 이 책을 통틀어 써도 모자랄 정도다. 그런데 그보다 더 큰 시간의 압축 팩이 하나 더 있다. 바로 남들의 시간을 사는 것이다. 영화 〈인타임〉에서처럼 말 그대로 돈을 주고 남들의 시간을 사는 것이다. 그렇게 벌어들인 시간에 당신은 당신이 원하는 것에 집중할 수가 있다. 그러면 당신이 시간을 사기 위해 지불한 것보다 훨씬 높은 가치를 생산해낼 수가 있다.

부자들은 바쁘다. 바쁜 시간에 내 일을 대신 해줄 누군가가 필요하다. 그래서 비서를 두고, 운전기사를 두고, 파출부를 둔다. 결코 그들이 게을러서가 아니다. 당신도 이런 식으로 시간을 살 필요가 있다. 나 역시 비서나 기사를 둘 형편은 아니지만 내가 하지 않아도 될 일은 무조건 전문가에게 맡긴다. 얼마 전 번역할 일이 하나 있었는데, 망설임 없이 돈을 지불하고 번역가에게 맡겼다. 하루 만에 깔끔한 문장으로 번역 및 검수된 워드파일을 받아 볼 수 있었다.

3개의 압축팩을 좀 더 효과적으로 활용하기 위해선 당신이 원하는 분야에 집중해야 한다. 추월차선을 타고 가는 부자들은 가슴 뛰는 일을 하는 사람들이다. 가슴이 뛴다는 것은 심장이 반응한다는 의미이며 진정으로 자신이 원하는 일이란 뜻이다. 마치 사랑하는 사람과 있을 때 심장이 뛰는 것과 같은 이치다. 가슴이 뛰는 일이야 말로 천직이며 소명이다. 일을 일이라 느끼지 않고 희열과 행복감을 가져다주는 것, 거기에서 진정한 집중의 힘이 발휘된다.

"원하는 것에 집중하면 원치 않는 모든 것은 사라진다."

이만큼 명쾌한 진리도 없다. 부자가 되는 것에 집중하라. 그러면 어느 순간 부자로 가는 추월차선을 타고 있는 자신을 발견하게 될 것이다. 이 때부터 부의 가속도는 붙기 시작한다.